W0267816

ars vivendi

Dann bleibt den Menschen zum Beispiel Zeit für eine Massage. Rings um das Hotel laden zahlreiche Wanderwege zu eigenen Ausflügen ein. Und von Freitag bis Mittwoch kann man im Hundeshop auch für seine Vierbeiner einkaufen.

Hotel Mair am Ort
Schlossweg 10, 39019 Dorf Tirol, Südtirol/Italien
Tel. 00 39/04 73/92 33 15, www.mairamort.com

Hundesporthotel Wolf:

Nein, im oberbayerischen Oberammergau gibt es nicht nur die berühmten Passionsspiele, man kann dort auch richtig gut Ferien mit Hund machen. Wie der Name schon verrät, liegt ein inhaltlicher Schwerpunkt dabei auf dem Training. Das Hotel verfügt über drei Hundesporthallen fürs Training mit Hund, einen 1 300 Quadratmeter großen Außenplatz und ein Hundeschwimmbad. Dort können sich die Hunde nicht nur abkühlen, sondern auch die aus den USA kommende Trendsportart Dock Diving erlernen. Auch Physiotherapie für Hunde sowie ein breit gefächertes Seminarangebot zu Themen wie Agility, Mantrailing und Alltagstraining gehören zum Angebot des Hotels. Aber nicht nur Hunde werden im *Hotel Wolf* verwöhnt, auch die Menschen dürfen Wellnessangebote wie Sauna, Pool und Massagen in Anspruch nehmen.

Hotel Wolf – Das Hundesporthotel
Dorfstr. 1, 82487 Oberammergau
Tel. 0 88 22/9 23 30, www.hotel-wolf.de

Sigrun Arenz

Sigrun Arenz · Anna Schwarm

AUSFLÜGE MIT HUNDEN
IN MITTELFRANKEN

Ein ars vivendi Freizeitführer

Bei der Realisierung dieses Buches ließen wir größtmögliche Sorgfalt walten. Falls dennoch Informationen falsch oder inzwischen überholt sein sollten, bedauern wir dies, können aber auf keinen Fall eine Haftung übernehmen.

Korrekturvorschläge und Anmerkungen an: lektorat@arsvivendiverlag.de

Bildnachweis:
Jim Albright: S. 46; Sigrun Arenz: S. 10, 12, 18, 20, 31, 35, 36, 39, 41, 44, 55, 60, 68, 70, 74, 104, 107, 108; Thilo Castner: S. 23; Derzno/Wikimedia Commons: S. 72; Peter Gruner: S. 52; Rolf Krahl/Wikimedia Commons: S. 66; Robert Schneider/AdobeStock: S. 73; schulzfoto/AdobeStock: 56, 64; Martin Schwarm: S. 8, 16, 78, 84, 86, 87, 88, 90, 94, 96, 99, 100, 112.

Erste Auflage 2019

www.arsvivendi.com

Umschlag: ars vivendi verlag
Umschlagfotografien: © Frank N. Wirth, © s5iztok/iStock, © imageBROKER/Alamy Stock Photo, © Callipso/iStock; Klappen: © Sigrun Arenz, © Martin Schwarm
Satz: Christine Richert, www.typoholica.de
Übersichtskarte: Ingenieurbüro Dieter Ohnmacht, Frittlingen
Druck: GPS Group GmbH, Velden
Printed in Europe
ISBN 978-3-7472-0042-1

Inhalt

Vorbemerkung

Als Hundebesitzerin in der Stadt kann man froh sein, wenn es so etwas wie den Fürther Wiesengrund gibt. In wenigen Minuten erreicht man alles, was das Hundeherz begehrt: Wiesen, Bach, Felder, Gänse, Laternenpfähle und andere Hunde, die mit Frauchen oder Herrchen unterwegs sind. Ein Park, eine Wiese oder ein Feldweg in der Nähe ist für die tägliche Gassirunde ein Segen. Aber ebenso schön ist es, die ausgetretenen Pfade einmal zu verlassen und sich mit seinem Hund auf neue Wege zu begeben. Wo kann man in Franken besonders gut mit dem Hund spazieren gehen? Welche Highlights bietet die nähere und fernere Umgebung, um mit sechs Beinen die Welt zu erkunden? Was geht denn außer einem einfachen Spaziergang noch? Wo kann ich mit meinem Vierbeiner übernachten, wenn es mal für ein ganzes Wochenende oder länger fortgeht? Kann man Hund und Kultur vereinbaren?

Wir haben uns in Mittelfranken umgetan und die schönsten Routen in Wald und Feld gesucht, Bademöglichkeiten für die Vierbeiner entdeckt und uns auf die Suche nach echten »Hunde-Highlights« gemacht. Nicht alles, was wir uns vorgenommen haben, ließ sich auch erreichen: In der Trias »Hunde zu Lande, zu Wasser und in der Luft« konnten wir beispielsweise nur zwei Bereiche abdecken, denn eine »Ballonfahrt mit Hund« gibt es zwar als Buch, aber nicht als Angebot der fränkischen Luftfahrt. Vielleicht ist das auch ganz gut so, denn das ist uns ebenfalls wichtig: Nicht jedes Ausflugsziel eignet sich für einen Hund, und nicht jeder Hund eignet sich für jedes Ausflugsziel. Eine kleine Checkliste, worauf Sie bei Ausflügen mit Hund immer achten sollten, finden Sie deshalb gleich im Anschluss.

Aber auch ohne Ballonfahrt haben wir auf den folgenden Seiten vielfältige und hoffentlich lohnende Ausflugstipps versammelt. Die einzelnen Touren beinhalten jeweils eine Wegbeschreibung, Hinweise auf besondere »Hunde-Sehenswürdigkeiten« und alle grundlegenden Informationen, die Sie sonst noch brauchen, etwa zu Hin- und Rückfahrt, Einkehrmöglichkeiten, Adressen und Öffnungszeiten. Zwischendrin haben wir kleine Geschichten aus dem Hunde(halter)alltag eingestreut, damit auch die Zweibeiner in den Pausen etwas haben, womit sie sich amüsieren können, ebenso wie praktische Hinweise zum Thema »Mit dem Hund unterwegs«.

Viel Vergnügen und schöne Schnupperrunden
im Grünen wünschen
Sigrun Arenz und Anna Schwarm

Haben Sie ein ganz besonderes Hunde-Highlight in Franken entdeckt? Gibt es Anregungen, Verbesserungen oder Tipps? Dann schreiben Sie uns an: lektorat@arsvivendiverlag.de

Wie gelingt der Ausflug mit Hund?

Wenn ich Achilles fragen würde, was es für einen richtig schönen Tag unterwegs braucht, fiele seine Antwort wohl recht kurz aus: »Du, ich und mein Ball, können wir jetzt gehen?«

Ganz so einfach ist es natürlich nicht, schon gar nicht, wenn die geplante Tour etwas länger dauern soll, vielleicht noch eine Anreise mit Auto oder Bahn oder das Laufen neben einem Fahrrad erfordert. Deshalb folgt hier eine kleine Checkliste mit den Punkten, an die verantwortungsvolle Hundehalter denken sollten.

- Essentials: **Halsband, Leine und Steuermarke** sollten bei jedem Auftauchen des Hundes in der Öffentlichkeit eine Selbstverständlichkeit sein. Zwar gilt in Bayern keine allgemeine Leinenpflicht, aber in den meisten Innenstädten sind mindestens größere Hunde an der Leine zu führen und in Parks, auf Spielplätzen und Märkten muss man generell damit rechnen. In Bayerns Wäldern hingegen herrscht keine allgemeine Leinenpflicht; man beachte aber Einschränkungen vor Ort. Und natürlich darf der Hund keine Gefahr für die Waldtiere darstellen, muss also jederzeit abrufbar sein. Vor allem während der Aufzuchtzeiten der Jungtiere im Frühjahr ist deshalb Vorsicht geboten, und im Zweifelsfall nimmt man sein Tier lieber einmal zu oft als einmal zu selten an die Leine, nicht zuletzt auch, weil Wildschweine ihre Jungen aggressiv verteidigen und so einem Hund durchaus gefährlich werden können.

  Zum Glück gibt es in Franken genügend Wege, auf denen man seinen Vierbeiner frei laufen lassen kann, aber auch da sollte die Sicherheit von Hund und Mensch immer an erster Stelle stehen.

So sieht Ausflugs-Vorfreude aus:
Achilles setzt vor lauter Glück sein Buddha-Gesicht auf.

- Die sicherste Methode, sich als Hundehalter bei seinen Mitmenschen unbeliebt zu machen, ist mit großer Wahrscheinlichkeit die, hinter seinem Vierbeiner nicht aufzuräumen, deshalb ist der uncharmant benannte **Hundekotbeutel** natürlich Pflicht. Insbesondere auf Straßen und Gehwegen, in Parkanlagen und auf landwirtschaftlich genutzten Wiesen und Feldern sollte man hier absolute Sorgfalt walten lassen – auch wir Hundebesitzer schätzen schließlich eine saubere und tretminenfreie Umgebung. Dazu kommt, dass Hundekot ein Infektionsrisiko für Menschen und Nutztiere darstellen und für Landwirte zu hohen finanziellen Schäden führen kann.

- Nicht nur Menschen wollen auf einem längeren Ausflug gut versorgt sein, auch unser treuer Begleiter, der möglicherweise noch weitere Strecken läuft, sollte bekommen, was er braucht. Je nach Länge und Art der geplanten Tour sollte mindestens ein Napf und ausreichend **Wasser** mit dabei sein. **Leckerli** und vielleicht sogar eine ganze Hundemahlzeit sorgen für Spaß und genügend Energie zum Herumtoben und Rennen. Natürlich ist die **Ausrüstung** erweiterbar: Spielzeug, Zeckenzange, Erste-Hilfe-Set, vertraute Hundedecke für eine Übernachtung in der Fremde, ein Handtuch zum Trocknen, all das kann hilfreich sein.

- Hunde sind fast immer froh und dankbar, wenn sie ihre Menschen begleiten dürfen, und nehmen dafür auch gerne die ein oder andere Unannehmlichkeit in Kauf. Dennoch hat jedes Tier seine Grenzen, die ernst genommen werden sollten. Fahrradtouren müssen in ihrer **Länge und Geschwindigkeit** dem angepasst werden, was der Vierbeiner leisten kann. Ein Korb oder Hundeanhänger ermöglicht unter Umständen längere Touren, sofern der

Hund daran gewöhnt und nicht zu groß für das Gefährt ist. Generell sollten **Fahrradausflüge** mit dem Hund erst erwogen werden, wenn das Tier ausgewachsen und fit genug ist. Zudem muss der Hund natürlich daran gewöhnt sein, sicher neben dem Rad herzulaufen. Unverzichtbar, wenn er an der Leine neben dem Rad herlaufen soll, ist ein sicheres Geschirr, weil sonst Verletzungsgefahr besteht, falls es zu einem Ruck am Halsband kommt.

- An heißem Sommerwetter scheiden sich die Geister: Manche Menschen können gar nicht genug davon bekommen, andere beginnen jenseits von 25 Grad zu welken. Bei Hunden ist es nicht anders. Gerade Rassen mit dichtem, schwerem Fell tun sich oft schwer mit allzu **heißem Wetter**. Höchstleistungen sind dann von ihnen nicht zu erwarten. Bei einem Ausflug im Hochsommer ist es besonders wichtig, ausreichend Rast im Schatten einzuplanen, die Touren nicht zu lang werden zu lassen, genug Wasser dabeizuhaben und den Hund nicht zu überfordern. Bäche, Flüsse und Seen bieten willkommene Gelegenheiten zum Abkühlen. Fischteiche, steile Ufer und Stellen mit starker Strömung sollten dabei natürlich aus unterschiedlichen Gründen tabu sein.

Und sollten Sie mit dem Auto unterwegs sein, denken Sie daran, dass es schon bei warmen Temperaturen lebensgefährlich für den Hund sein kann, wenn er auch nur für relativ kurze Zeit im Auto eingesperrt wird.

(Ja, Achilles, ich wollte gerade darauf zu sprechen kommen.) Last, but not least: **Nehmen Sie einen Ball für Ihren Hund mit.** (Du, Achilles, ich glaube, die Leser haben es schon verstanden. Okay, ich sage es noch einmal.) Ein Ball ist auf einem Ausflug vollkommen unverzichtbar. Gehen Sie mit Ihrem Hund niemals aus dem Haus, ohne einen Ball einzupacken. Habe ich schon erwähnt, dass ein Ball essenziell für das Glück Ihres Hundes ist? (Reicht das jetzt, Achilles? Nein, ich glaube nicht, dass sie es überlesen haben. Ich habe es sehr deutlich … Na gut!) Übrigens, diese Checkliste wäre nicht komplett, wenn ich versäumen würde, auf die Notwendigkeit eines Balls hinzuweisen. Vorzugsweise ein Tennisball, der quietscht und mit dem Ihr Hund im Bach spielen kann. (Achilles, ich glaube, es gibt Hunde, die gehen gar nicht so gerne baden, ich sage das nur mal so. Ja, ich weiß, es gibt komische Hunde. Natürlich erwähne ich es in dem Buch. Ja, ich werde auf die Checkliste setzen, dass ein Ball unverzichtbar ist. Zufrieden?)

Sigrun Arenz

Tipp: Hund und öffentlicher Nahverkehr

Auch wenn in diesem Band immer wieder Hinweise gegeben werden, wo Sie Ihr Auto parken können, so sind die meisten Ausflugsziele auch mit öffentlichen Verkehrsmitteln zu erreichen. Schließlich wollen wir die Natur nicht nur genießen, sondern auch schützen, und dazu sind Bus und Bahn besser geeignet als der eigene Pkw. Vielleicht muss man da erst eine gewisse Hemmschwelle überwinden, eben gerade, wenn der Hund dabei ist: Schließlich ist es erheblich unkomplizierter, den Vierbeiner einfach in den Kofferraum oder die Transportkiste zu verfrachten und dann direkt bis zum Wald oder Weiher zu fahren. Aber betrachten Sie die Fahrt mit den Öffentlichen ruhig auch als Training für Ihre Fellnase. Mit anderen Menschen in einem abgeschlossenen Raum zu sein, sich von jeder Menge Geräuschen, Bewegungen und Gerüchen nicht irritieren zu lassen, all das sorgt mit dafür, dass wir uns schließlich an einem Tier erfreuen können, das sich in der Öffentlichkeit sicher und angemessen bewegt.

Das muss ein Hund freilich auch erst lernen, und wie bei allen anderen Übungen sollte das Lernen möglichst früh, aber zunächst in kleinen Schritten erfolgen. Und sicherlich gibt es Situationen, die Sie Ihrem Vierbeiner besser ersparen – Stoßzeiten, zu denen sich die Fahrgäste gegenseitig auf die Füße treten etwa, oder eine Zugfahrt von Erlangen nach Fürth an einem Bergkirchweihabend. Das muss man einem geräusch- und geruchssensiblen Geschöpf wie einem Hund wirklich nicht antun.

Damit eine Fahrt mit öffentlichen Verkehrsmitteln entspannt möglich ist, folgen hier einige Informationen und Tipps zum Thema.

VGN (Verkehrsverbund Großraum Nürnberg)

Der VGN erlaubt Hunde (und Kleintiere wie Katzen oder Hamster) in allen seinen Verkehrsmitteln. Dass Hunde in Bus und Bahn an der **Leine** zu führen sind, ist selbstverständlich. Stellt ein Hund eine Gefahr für die Mitreisenden dar, muss er einen **Maulkorb** tragen.

Sollten Sie Besitzer eines Chihuahuas oder eines ähnlich **kleinen Hundes** sein, können Sie ihn in einem geeigneten »Behälter« mitnehmen und müssen dann auch nichts extra bezahlen. Wer nicht in die Handtasche passt, braucht im Normalfall einen **Kinderfahrschein**. Kostenlos fahren auch große Hunde im Verbundgebiet mit dem *TagesTicketPlus* (rund um die Uhr), mit der *MobiCard* (ab 9 Uhr, an Wochenenden und Feiertagen ohne Ausschlusszeit) und mit einem *JahresAbo Plus* oder *FirmenAbo Plus* (unter der Woche jeweils ab 19.00 Uhr, an Wochenenden und Feiertagen rund um die Uhr). **MobiCard** und **JahresAbo** gibt es übrigens auch für Hunde, die dann einen Verbundpass mit Lichtbild benötigen. Das ist aber wohl nur für Vielfahrer relevant, die Frauchen oder Herrchen zum Beispiel jeden Tag in die Arbeit begleiten.

DB (Deutsche Bahn)

Bei der Deutschen Bahn gelten für Hunde ähnliche Bestimmungen wie beim VGN, etwa in Hinblick auf **kleine Hunde**, allerdings gibt es auch ein paar Unterschiede, über die man Bescheid wissen sollte:

Für Hunde, die nicht in eine Transportbox passen, ist der **halbe Fahrpreis** zu bezahlen (bei einer Onlinebuchung wählen Sie »Kind bis 14 Jahre ohne

Wo geht's denn hier ... zum nächsten Zug?

Begleitung« und lassen sich das Ticket per Post schicken, da ein Handyticket für Hunde nicht gebucht und auch nicht selbstständig ausgedruckt werden kann). Nutzen Sie das **Bayernticket** oder das **Wochenendticket**, zählt der Hund nicht als Kind, sondern als Erwachsener.

In der Bahn müssen Hunde nicht nur angeleint sein, sondern auch einen **Maulkorb** tragen.

Sigrun Arenz

Österlich geschmückt:
der Schöne Brunnen in der Altstadt von Bad Windsheim

Wo sich Hund und Hase guten Tag sagen 1

Kurparkrunde und Freilandmuseum Bad Windsheim

Warum wir die Tour lieben:
Das Freilandmuseum bietet einen tollen Familienausflug, bei dem auch der Hund mitkann. Die malerische Altstadt lädt zu einem geruhsamen Mittagessen oder Kaffeetrinken ein.

Was für den Hund drin ist:
Der Wanderweg punktet mit vielen Gelegenheiten zum Schnüffeln und Rennen – und weit und breit keine gefährliche Straße in Sicht. Kilometerlang begegnen wir niemandem außer Vögeln und einigen Feldhasen.

Eckdaten:

- Durchführbar als Tagesausflug mit Wanderrunde und Museumsbesuch, beides kann aber natürlich auch für sich stehen.
- Wählen Sie für die Wanderrunde (10 km, 2 Std.) einen nicht zu sonnigen und heißen Tag, am besten mit leichtem Wind, da der Weg wenig Schatten bietet.
- Bis auf die letzten beiden Kilometer geht es fast immer auf einsamen, aber gut begehbaren Fußwegen entlang, wo der Hund meist freilaufen kann.
- Achtung, speziell im Frühjahr tummeln sich Hasen auf den Feldern. Bei Hunden mit ausgeprägtem Jagdtrieb (oder wenig ausgeprägtem Gehorsam) sollte man auf der Hut sein. Beruhigend ist in jedem Fall die Tatsache, dass keine Autostraßen in der Nähe der weiten Felder sind.

Und jetzt geht's los!

Die **Wandertour** beginnt am **Kurpark** im Norden von Bad Windsheim. Für Autofahrer bietet sich der Parkplatz

Auf der Allee zwischen Kurpark und Hügeln wandern wir aus Bad Windsheim hinaus in die Felder.

zwischen Kühlsheimer Straße und Erkenbrechtallee als Ausgangspunkt an. Wer von dort aus losläuft, folgt einfach der Erkenbrechtallee, bis links die Hans-Schmotzer-Allee abzweigt, über die man dann mit den Kurgebäuden zur Linken zum nördlichen Rand des Kurparks gelangt. Zu Fuß kommt man von der Altstadt oder vom Bahnhof her über die Bahnhofsbrücke in den Kurpark. Vom Pavillon aus folgt man dem Weg in einem Rechtsbogen und geht dann immer geradeaus an den Gebäudekomplexen des Kurparks vorbei, bis man an dessen nördlichstem Rand auf die Hans-Schmotzer-Allee trifft. Hier beginnt der DVV-Wanderweg, der durchgehend gut sichtbar mit einer rotumrandeten Markierung gekennzeichnet ist.

Die Solequellen, denen der Ort die Ernennung zum Bad verdankt, wurden Anfang des 20. Jahrhunderts erbohrt. Heute lockt die im Jahr 2005 eröffnete *Franken-Therme* mit Badebereich, Sauna und Salzsee im Außenbereich zahlreiche Gäste zum Entspannen und Gesundbaden. Die Allee, die das Kernstück des Kurparks bildet, wurde erstmals um 1730 angelegt. Heute lassen sich im Park außerdem ein Waldklassenzimmer, ein schön angelegter Weiher, Spielplätze, Brunnen und ein Insektenhaus entdecken. Wir haben auf dem Wanderweg den Park zu unserer Linken und malerische Hügel zu unserer Rechten, während wir unter den lichten Bäumen der Allee entlanggehen. Der Kurpark und die Stadt bleiben schließlich hinter uns zurück, und bald danach nimmt der DVV-Weg eine Abzweigung nach rechts, wenig später, am Kühwasengraben, folgt er einem Linksbogen. Während wir zuvor noch die geordnete Parklandschaft neben uns gesehen haben, ist jetzt alles Feld, Wiese, Hügel und blühende Obstbäume.

Lange begegnen wir niemandem als Vögeln und ein paar Feldhasen, die ich zum Glück erspähe, bevor Achilles ihre Witterung aufnimmt. Der Feldweg – mal asphaltiert, mal eine Doppelreihe aus Betonplatten, dann ein Schotterweg – führt uns durch eine liebliche Kulturlandschaft mit Blick auf Hügel und Felder; Häuser, Autos, Straßen, all das ist weit weg, kaum noch sichtbar. Unser Weg bringt uns nah an den Sonderlandeplatz von Windsheim heran, aber außer einem Segelflugzeug, das über uns hinzieht, merken wir nichts davon. Es geht schließlich vor dem **Flugplatz** nach links – wir haben den vom Ausgangsort fernsten Punkt des Rundwanderwegs erreicht und halten nun etwas bergab auf das Örtchen **Wiebelsheim** zu, streifen aber nur den Rand des Dorfes.

Die Beschilderung führt uns nämlich nur durch einen Durchlass an einem Zaun vorbei und dann gleich wieder aufs Feld, an einer Viehweide vorbei und zurück ins Grüne. Achilles zeigt sich höchst interessiert an der umzäunten Weide, auf der ja möglicherweise ein paar leckere Pferdeäpfel zu finden sein könnten, die in der Großstadt doch eher Mangelware sind – wenn er sie denn nur aufsammeln dürfte. Aber nein, was Pferdeäpfel und Schafsköttel angeht, lässt Frauchen nicht mit sich reden. Dann wird eben ausgiebig im Gebüsch geschnuppert.

Es bleibt weiter ländlich, auch wenn wir ab jetzt schon unseren Ausgangs- und Zielpunkt in der Ferne erspähen können. Nach einer Weile wandern wir auf einem Höhenweg weiter; rechts weichen die Hecken manchmal und geben einen herrlichen Ausblick auf die Gegend. Zu unserer Linken breitet sich später ein Golfplatz aus, dessen Anlage aus der Ferne einem Spielzeugland gleicht. Es geht geradeaus weiter, trotz der Sperre auf dem Weg, die Autofahrer fernhalten soll. Nur auf diesem letzten Streckenabschnitt muss der Hund wieder an die Leine, weil wir erst an der Oberntiefer Straße entlang und dann »Am Lindlein« und »An der Ruhebank« durch ein Wohngebiet laufen. Die Straße führt uns direkt auf den Kurpark zu und damit zu unserem Ausgangspunkt zurück. Achilles und ich finden, dass wir uns jetzt eine Pause verdient haben, und begeben uns in die Altstadt, um dort vor dem Eiscafé auszuruhen. Frauchen bestellt ein Eis, der Hund bekommt einen Knochen und wartet danach, bis – natürlich vollkommen ungewollt – ein Klecks Eiscreme neben ihm auf dem Boden landet. Als Ersatz für die Pferdeäpfel, die ihm nicht vergönnt waren.

Bad Windsheim ist eine malerische Kleinstadt mit einem Ensemble schmucker Fachwerkhäuser, Brunnen und Kirchen und dem größten denkmalgeschützten Kurpark in Bayern. Einige seiner historischen Gebäude gehören heute zur Baugruppe »Stadt« des Freilandmuseums, etwa der Alte Bauhof aus dem 15. Jahrhundert. Der Ort lädt förmlich dazu ein, sich einen Terrassenplatz am Kornmarkt oder in der Fußgängerzone zu suchen und bei einem Eisbecher oder einem kühlen Getränk die beschauliche Szenerie zu genießen.

Idyllische Architektur: das Häckerhaus im Freilandmuseum

Das **Fränkische Freilandmuseum** ist ein beliebter Ausflugsort nicht nur für Familien. Über 100 Gebäude, gegliedert in Baugruppen, die wiederum nach Regionen und Themen angeordnet sind, laden zu einer Zeitreise durch die Jahrhunderte ein. Wie hat man in Franken früher gelebt, gearbeitet, gegessen, geschlafen? All das lässt sich im Freilandmuseum erfahren, und eben nicht nur theoretisch, sondern ganz konkret, beim Mitmachen, Zuschauen – oder sogar beim Schmecken, etwa wenn am »Tag des Bieres« im kleinen Brauhaus gebraut wird oder zum Herbstfest Kartoffeln gedämpft werden. Handwerker zeigen regelmäßig fast vergessene Fertigkeiten. Nicht alle, die hier Holzeimer herstellen oder an dem 270 Jahre alten Webstuhl arbeiten, sind ausgebildete Büttner, Müller und Spinnerinnen. Da diese alten Berufe zusehends verschwinden, übernehmen oft Hobbyhandwerker, die sich für die alten Techniken begeistern, die Vorführungen. Und nicht nur Kinder sind gefesselt von diesem Ausflug in eine vergangene Ära des Arbeitens und Schaffens, in der Produkte direkt und unmittelbar in den Händen einzelner Menschen entstanden, auch Erwachsene erfahren diese Vorführungen sicherlich als Momente der Entschleunigung und als Auszeit vom modernen Alltag.

Neben den regelmäßigen Vorführungen finden auf dem Museumsgelände auch andere Veranstaltungen statt. So gibt es das 2003 gegründete **Freilandtheater Bad Windsheim**, in dem sowohl Profischauspieler als auch Laien auftreten. Im Frühjahr und Sommer wird draußen im Freien Kinder- und Erwachsenentheater gezeigt, im Winter wird in den Häusern und Höfen des Museums gespielt.

Auch **Lesungen, Jahrmärkte und Konzerte** gehören zum mehr oder weniger regelmäßigen Programm im Museum, und das Programm ist denkbar weit gefächert, Volksmusikfreunde kommen ebenso auf ihre Kosten wie Fans der Konzertreihe »Fränkischer Sommer«.

Hunde sind auf dem Museumsgelände willkommen, müssen allerdings an der Leine geführt werden, schon um die zur Ausstellung gehörenden lebenden Tiere nicht zu stören. In einige Häuser (in die Kirche und die Kräuterapotheke der Baugruppe »Stadt«) dürfen die Vierbeiner nicht mit hinein.

Sigrun Arenz

Meine persönlichen Einkehrtipps:

Eiscafé Sole & Luna, Kegetstr. 9, 91483 Bad Windsheim
Tel. 0 98 41/15 57, www.eiscafe-soleluna.de
Für Leckermäuler, besonders an warmen Sommertagen

genusswerk, Erkenbrechtallee 8, 91438 Bad Windsheim
Tel. 0 98 41/6 85 87 80, www.genusswerk-franken.de
Tägl. 9.00–24.00, www.genusswerk-franken.de
In unmittelbarer Nähe zur Frankentherme – vereint Restaurant, Café, Vinothek und Feinkost; im Restaurant gibt es regionale, deftige fränkische Speisen, in der Vinothek feine Weine von Winzern aus der Region

Fränkisches Freilandmuseum, Eisweiherweg 1, 91438 Bad Windsheim
Tel. 0 98 41/6 68 00, www.freilandmuseum.de
Hauptsaison: März Di–So 9.00–18.00, Apr–Okt tägl. 9.00–18.00
Genaue Infos zu Nebensaison u. Feiertagen online erfragen
Eintritt: Erwachsene 7 € , Familienkarte 17 €

Wirtshaus am Freilandmuseum, Tel. 0 98 41/59 71
www.wirtshaus-am-museum.de
Apr–Dez Di–So 10.00–21.00, Apr–Okt zusätzl. Mo bis 17.30
Mit großem Biergarten

Tipp: Hund und Fahrrad

Egal, wie schlau Ihr Hund ist, sein eigenes Fahrrad wird er niemals fahren können – nicht einmal mit Stützrädern. Aber das bedeutet nicht, dass Rad und Hund nicht zusammenpassen. Im Gegenteil: Radfahren mit Hund macht richtig Spaß und bietet eine ganze Reihe Vorteile.

Wer einen sehr agilen Vierbeiner sein Eigen nennt, wird gelegentlich schon den täglichen Spaziergang mit dem Fahrrad absolvieren. In der gleichen Zeit lässt sich so eine längere Strecke zurücklegen, der Radius vergrößert sich und man hat bei einem Wettrennen als Mensch zumindest die Chance, auch mal zu gewinnen. Das hält Hund und Herrchen oder Frauchen fit und stärkt, wenn man es richtig angeht, auch das Band zwischen Mensch und Tier. Denn am Rad zu laufen ist für den Hund nicht nur eine sportliche Herausforderung, sondern auch eine Denk- und Geschicklichkeitsaufgabe.

Bis ein Vierbeiner gelernt hat, sicher am Rad mitzulaufen, egal ob mit oder ohne Leine, müssen beide, Mensch und Hund, eine ganze Menge Zeit und Arbeit investieren – aber die Mühe lohnt sich. Denn wenn der Hund locker an der Leine neben dem Rad trabt, an der Ampel ohne Kommando stehenbleibt und aufmerksam wartet, bis es weitergeht, wenn er auf Handzeichen oder ein Wort hin die Richtung wechselt und an anderen Hunden brav vorbeiläuft, zeigt sich, wie gut Mensch und Hund zusammenarbeiten können, wie mühelos eine auf Vertrauen, Erfahrung und gegenseitiger Aufmerksamkeit basierende Routine werden kann.

Sicherheit als oberstes Gebot

Damit die sechs Beine und zwei Räder irgendwann wirklich zu so einer organischen Einheit werden und Radtouren mit Hund keine Nervenprobe, sondern eine Freude darstellen, gibt es so manches zu beachten. Oberstes Gebot ist natürlich die Sicherheit. Radfahren mit Hund ist nicht völlig risikofrei, das muss einem klar sein; umso wichtiger ist es, vorsichtig und aufmerksam zu sein und den Hund richtig anzulernen.

Zunächst einmal: Ja, es ist gesetzlich erlaubt, einen Hund am Fahrrad zu führen (bei einem Pferd oder einer Kuh ist das übrigens nicht der Fall), aber man darf die Leine dabei nicht um den Lenker wickeln. Dass das nämlich zu extrem gefährlichen Situationen führen könnte, dürfte jedem Hundebesitzer, dessen Vierbeiner schon einmal einen unerwarteten Satz an der Leine gemacht hat, einleuchten. Anders ist es mit speziellen Leinenführungsstangen, die am Fahrradgestell angebracht werden, eine Federung besitzen und den Hund in einem bestimmten Abstand vom Rad halten. Bei sehr großen und starken Hunden würde ich allerdings auch davon abraten.

Damit nicht nur der Mensch sicher ist, gilt es, den Hund keinesfalls zu früh am Rad laufen zu lassen. Circa erst ab einem Jahr sollte man mit dem Radtraining beginnen. Ein Geschirr, das Rücken und Hals schont, ist absolut notwendig, wann immer der Hund an der Leine neben dem Rad laufen soll. Und dann sollten Hund und Herrchen oder Frauchen die Sache erst einmal langsam angehen. Führen Sie Ihr Tier zunächst am geschobenen Fahrrad (anders als beim Fußgehen läuft der Hund am Rad rechts, damit er auf der Straße vor Autos geschützt ist) und verbinden Sie diese Übung mit einem Kommando (zum Beispiel »Fahrrad«). Üben Sie Zeige- oder Wortgesten ein, mit denen Sie den Hund auch dann lenken können, wenn es später einmal schneller geht. Viele Tiere können problemlos »rechts«, »links«, »langsam« und »Halt« lernen, manche tun sich mit Zeigegesten oder einer Kombination aus beidem leichter.

Ein gut erzogener und trainierter Hund kann auf nicht allzu belebten Wegen oft frei neben dem Rad herlaufen. Dabei heißt es natürlich immer, vorsichtig und aufmerksam zu bleiben. Im Zweifelsfall muss der Hund eben an die Leine und der Mensch eventuell auch mal absteigen, wenn es eng oder gefährlich wird, wenn sich Hasen im Feld tummeln oder andere Ausflügler Angst bekommen könnten.

Wie die Radtour mit Hund gelingt

Der Hund ist ein Lauftier, aber mit einem durchtrainierten Radfahrer, der mal eben so einhundert Kilometer herunterreißt, kann er dennoch nicht mithalten. Wer also mit Hund auf Radtour gehen will, muss entweder Tempo und Geschwindigkeit entsprechend anpassen oder Hilfsmittel wie Hundekörbe (für die Kleinsten) oder Hundeanhänger (für mittelgroße Hunde) einsetzen. Neben Anhängern gibt es mittlerweile auch Lastenräder, die vorne einen nach oben offenen Wagen haben und sich anscheinend auch als Hundetransporter verwenden lassen.

Wie lange und weit ein Hund tatsächlich am Rad mitlaufen kann, hängt von vielen Faktoren ab: Die Größe macht natürlich einen entscheidenden Unterschied aus. Sehr kleine Vierbeiner sind zwar oft agil, aber aufgrund ihrer kurzen Beine benachteiligt. Sehr große Tiere müssen ihr eigenes Gewicht herumtragen und sind zuweilen eher behäbig, also nicht unbedingt die ausdauerndsten Läufer am Rad. Eine gewisse Grundfitness ist auch nötig, sonst leiden auch Hunde am nächsten Tag unter Muskelkater und Schmerzen.

Denken Sie auch daran, dass Hunde nicht schwitzen können. Je heißer der Tag, umso anstrengender wird die Tour für Ihren Vierbeiner. Im Hochsommer sollte man lange, heiße und schattenarme Ausflüge vermeiden. Asphaltierte Straßen können in der Sonne extrem heiß werden und Ihrem Tier die Pfoten verbrennen; auch das gilt es selbstredend zu vermeiden. Trotzdem gibt es viele Hunde, die im Sommer keineswegs auf Bewegung im Freien verzichten wollen. Da heißt es dann speziell für Radler, möglichst die kühleren Stunden des Tages zu nutzen, ausreichend Pausen einzulegen, bestenfalls schattige Pfade zu wählen und für Erfrischung, etwa in einem Bach oder See zu sorgen, von denen es in Franken ja glücklicherweise viele gibt.

Sigrun Arenz

Aus dem Hunde(halter)leben

Technikfantasien

Es war über eine Woche her, seit wir uns zum letzten Mal gesehen hatten, und als ich aufschloss, hörte ich den Hund auf der anderen Seite der Haustür explodieren. Die Explosion bestand zu gleichen Teilen aus Freude und aus Wahnsinn, und ich sammelte alle meine Alphatierqualitäten, ehe ich die Wohnung meiner Eltern betrat. Ich mag Achilles, aber bei einem Hund von der Größe eines mittleren Elefanten und der Geschwindigkeit eines Fighter Jets ist es nicht klug, die Begrüßung dem Tier zu überlassen. Konzentration, innere Sammlung und gutes Benehmen, und dann – wenn ganz klar ist, dass ich und nicht er der Boss ist – mit dem Rad raus in den Wiesengrund, wo Achilles seine Fighter-Jet-Qualitäten ungestört ausleben und rennen darf, so schnell er kann.

Es war ein milder Tag mit einem leichten Wind, der durch die Wiese und die Baumkronen strich, und ich fühlte mich glücklich, endlich draußen zu sein, in Bewegung, in der Natur.

Vor allem nach dem Technikdesaster der vergangenen Wochen. Viele Stunden hatte ich mit dem vergeblichen Versuch zugebracht, meinen Laptop neu zu konfigurieren, bevor ich ihn zähneknirschend zur Reparatur gebracht hatte. Dann hatte ich das iPad meines Vaters geliehen, nur um festzustellen, dass es nicht das richtige Gerät ist für jemanden, der seinen Computer hauptsächlich zum Schreiben benutzt. Und zwischendrin hatte ich von Hand fünfzig Telefonnummern in mein neues Handy eingespeichert und mich dafür verflucht, dass ich immer noch nicht herausgefunden hatte, wie man ein Back-up erstellt. Immerhin hatte ich jetzt zum ersten Mal eine richtig gute Handykamera, die wunderbare Bilder machte, so wie neulich, als unten an der Pegnitz der Dunst in den bronzenen Strahlen der Morgensonne geleuchtet hatte …

Achilles raste neben mir über die Wiese, blond, langgestreckt, hundgewordene Kraft und Lebensfreude. Über mir war der Himmel von einem tiefen, makellosen Blau, um mich lag die Wiese mit ihren üppig grünen Halmen, zarten Gräsern, dem weißen Spitzensaum des Wiesenschaumkrauts. Keine Handykamera, kein Bild auf dem Computer konnte diesen Anblick toppen. Ich bremste und brachte das Rad zum Stehen. Plötzlich schien mir alles ganz klar: In den letzten Wochen hatte ich mich viel zu sehr mit technischen Geräten beschäftigt. Genug. Als Erstes nahm ich das iPad meines Vaters. Blödes Ding. Blöder Name: Tablet. Es brachte mich auf eine Idee. Ich legte es am Waldrand unter einen Baum und pflanzte eine Eichel darauf. Ich konnte fast sehen, wie die Wurzeln sich durch den flachen Bildschirm gruben und das Tablet irgendwann zu einem Teil des Waldbodens machten. Jetzt der Laptop. Ich stellte mir vor, wie

ich ihn in der Hand wog, einem Diskuswerfer gleich, und dann mit Schwung losließ, wie er in weitem Bogen über die Wiese flog und dabei im Sonnenlicht silbern aufblitzte, ehe er elegant zu Boden segelte und im Grün verschwand. Natürlich konnte nichts dergleichen passieren, weil ich schlicht und einfach nicht werfen kann, keinen Diskus und auch keinen Computer. Nach ein paar Metern stürzte er ab.

Das Handy leistete Widerstand: »Du brauchst mich! Ich bin nützlich! Ich bin schön! Was wirst du ohne mich tun?« Weg damit, beschloss ich, und du kommst nicht in die Wiese, sondern gleich in den Fluss, damit ich nicht in Versuchung gerate, dich doch wieder mitzunehmen. Ich holte aus, zielte, ließ los – und das Handy landete einen Meter vom Fluss entfernt, schlitterte ein Stück weiter und blieb an der Uferböschung liegen.

Als ich gerade halb erleichtert darauf zulaufen wollte, schoss ein blonder Schatten an mir vorbei. »Achilles! Nein!«, schrie ich, doch er machte einen langen Satz und packte mein Handy mit den Zähnen. »Bring her, Achilles! Bring's mir!«

Einen Moment lang sah er mich unschlüssig aus intelligenten braunen Augen an, dann sprang er mit dem Telefon im Maul in den Bach und tauchte den Kopf unter. Wenn es etwas gibt, das Achilles noch mehr liebt als Spaziergänge am Rad, dann sind es Ballspiele im Wasser. Keine Handykamera der Welt hätte das goldene Glück dieses Moments auch nur annähernd einfangen können.

Sigrun Arenz

Auszeit im Fränkischen Seenland 2

Als »größtes Projekt seit dem Limes« betitelte einst das *Weißenburger Tagblatt* die Erschaffung des Fränkischen Seenlandes. Der Große und Kleine Brombachsee, der Igelsbachsee, Rothsee und Altmühlsee dienen der besseren Wasserverteilung zwischen dem wasserreichen Süd- und dem wasserärmeren Nordbayern; gleichzeitig ist mit diesen vom Menschen angelegten Seen seit der offiziellen Eröffnung im Jahr 2000 ein erfolgreiches Tourismusgebiet entstanden, das Wanderer, Naturliebhaber, Wasserratten und Erholungssuchende gleichermaßen anzieht. Und natürlich bietet das Fränkische Seenland auch jede Menge Spaß und Abwechslung für unsere vierbeinigen Begleiter.

In diesem Kapitel sollen verschiedene Anregungen für Unternehmungen im Seenland gegeben werden, vor allem natürlich mit Hunde-Highlights und -Tipps.

Wanderwege rund um die Seen

Um einen See zu wandern oder zu radeln erfordert im Allgemeinen keine großen Wegbeschreibungen, auch das ist schön daran. Solange es Wege gibt, muss man eigentlich nur darauf achten, das Wasser immer auf der einen Seite zu haben, dann gelangt man »automatisch« irgendwann wieder zum Ausgangspunkt zurück. Allerdings kann das erheblich länger dauern als erwartet, und wenn, wie im Fall von Brombachseen und Igelsbachsee die Gewässer auch noch miteinander verbunden sind, wird die Sache manchmal doch komplizierter – und die Wahrscheinlichkeit, interessante Orte unterwegs nicht zu bemerken, größer. Deshalb folgt hier zunächst eine Information über die verschiedenen Rundwege um die Seen herum.

Die große Tour und ihre kleinen Ableger:
Großer und Kleiner Brombachsee und Igelsbachsee

Etwa 28 Kilometer muss zurücklegen, wer diese drei zusammenhängenden Seen im Zentrum der Tourismusregion umrunden will. Das geht mit dem Rad sehr gut, gibt es doch durchgängig befestigte und ausgeschilderte Radwege mit nur wenigen kleinen Steigungen. Selbst mit Kindern ist diese Tour zu schaffen, und gut trainierte und fitte Hunde sollten ebenfalls imstande sein mitzuhalten, zumal es ja immer wieder Möglichkeiten für Pausen, zum Abkühlen und Erholen gibt.

Da Igelsbachsee und Kleiner Brombachsee von ihrem großen Bruder jeweils durch einen Damm getrennt sind, lassen sich allerdings auch kleinere Runden verwirklichen:

Die Runde um den **Großen Brombachsee** beträgt ca. 17,5 Kilometer. Parken kann man am Parkplatz bei Pleinfeld (am östlichen Ufer des Großen Brombachsees, von der Weinstraße kommend) und dann direkt loswandern oder -radeln. Parkplätze, auf denen man (natürlich mit Parkschein) den ganzen Tag stehen kann, gehören auch zu den Seezentren der Badehalbinsel Absberg und beim Strand in Allmannsdorf. Wer mit dem Zug nach Pleinfeld fährt, gelangt vom Bahnhof aus über den Schulweg via Sportpark und Campingplatz zum Seeufer.

Die Runde um den **Kleinen Brombachsee** umfasst eine Strecke von sieben Kilometern, um den **Igelsbachsee** etwa 6,5 Kilometer. Als Ausgangspunkt für Autofahrer bietet sich für Ersteres der große Parkplatz bei der Badehalbinsel Absberg an, für Zweiteres der Parkplatz in Enderndorf am See, von dem aus man die Runde um den Igelsbachsee gut beginnen kann. Mit den öffentlichen Verkehrsmitteln ist es nicht ganz so unkompliziert, da man in Pleinfeld in den Bus Nummer 699 Richtung Gunzenhausen umsteigen muss, will man seine Wanderung in Absberg beginnen.

Unser eigener Seenlandausflug mit Hund sollte eigentlich in erster Linie den Hundestrand am Kleinen Brombachsee zum Ziel haben, hat sich aber dann doch etwas anders gestaltet (nein, das liegt nicht daran, dass Frauchen keine Karten lesen kann!), und herausgekommen ist eine kleine, aber feine **Wanderung um den Igelsbachsee**, die am Hundestrand geendet hat.

Ausgangspunkt der Tour von etwa acht Kilometern Länge ist in Absberg, wo es an und abseits der Hauptstraße viele Parkmöglichkeiten gibt. Wir folgen der Hauptstraße den Berg hinunter. Diese führt uns nach **Griesbuck** und von dort aus direkt über den Damm zwischen dem Igelsbachsee und seiner Stauwurzel. Gleich danach wenden wir uns nach rechts und folgen dem Fuß- und Radweg, der uns über den Gänsbach bringt, hinter dem wir wieder rechts gehen, den herrlichen See zu unserer Rechten. Die Strecke um den See ist jederzeit gut erkennbar, selbst wenn sie

Traumhafte Aussichten im Fränkischen Seenland

Auf dem Hundespielplatz am Brombachsee

gelegentlich ein Stück vom Ufer wegführt. Im Wald stoßen wir schließlich auf den **Abenteuerwald Enderndorf**, der zwar nichts für unsere Vierbeiner ist, aber als Ausflugsziel für die Familie nachdrückliche Erlebnisse bietet (www.enderndorf.abenteuer-wald.com). Der Kletterwald hat verschiedene Schwierigkeitsgrade, sodass Junge und Alte, Abenteuerlustige und Vorsichtige gleichermaßen Spaß an unterschiedlich großen Herausforderungen haben können. Ein Höhepunkt ist die »Fly Line« – ein 560 Meter langes Rohrsystem, entlang dem man, gesichert mit einem Paragleitergurt, sechzig Höhenmeter überwinden kann –, ein anderer die »Seeüberfahrt«, die eher »Seeüberflug« heißen sollte, weil man dabei den Igelsbachsee mit bis zu sechzig Stundenkilometern überquert!

Am **Strandhaus Enderndorf**, wo sich müde oder hungrige Wanderer auch stärken können, geht es rechts über den Damm, der den Igelsbachsee vom Großen Brombachsee trennt, und dann geradeaus weiter, jetzt mit dem Seeufer des Großen Brombachsees zu unserer Linken. Wir nähern uns dem zweiten Damm bei der »Seespitz« und dem *Restaurant Seeklause*. Diesen Damm lassen wir aber links liegen und folgen weiter dem Weg »Seespitz«, nunmehr am Kleinen Brombachsee entlang um dessen nordwestliche Spitze, und erreichen so die **Badehalbinsel Absberg**. Hier kann man auch einen ganzen Tag verbringen, gibt es doch Badestrände, eine Minigolfanlage und diverse Restaurants und Biergärten, aber wir folgen erst einmal den Wegweisern zum **Hundestrand**, damit der Hund von der Leine und ins Wasser kann.

Dazu müssen wir die ganze Halbinsel auf den Wegen in Ufernähe überqueren, um schließlich zunächst auf den **Hundespielplatz** zu stoßen. Achilles nimmt die Wippe wie ein Profi (das Zauberwort heißt »langsam«!), rast aber über die Brücke, weil das Wasser und sein Ball locken. Anschließend geht es zum Abkühlen mit einem mittlerweile ziemlich sandigen Tennisball in den See. Gemächlich wandern wir dann über den großen Parkplatz der Halbinsel nach Norden, passieren die *Gaststätte Seeblick-Stüberl* und steigen die Straße »Grausenbuck« hinauf, die uns zurück ins **Absberger Zentrum** auf den Berg führt. Da der Aufstieg doch steil und das Panorama an seinem Ende so großartig ist, geht es, nachdem wir die Hauptstraße wieder erreicht haben, ins *Café Seerose* (www.cafe-seerose.info). Dort gibt es nicht nur leckere Kuchen und Torten und eine Schüssel Wasser für den Hund (der aussieht, als ob er ebenfalls lieber ein Stück Torte hätte), sondern auch eine große Terrasse mit einem wunderbaren Blick hinunter auf den See. Frisch gestärkt machen wir uns auf den Weg hinunter ins Tal Richtung Igelsbachsee und Auto.

Idylle am Altmühlsee

Der etwa zehn Kilometer westlich vom Brombachsee gelegene Altmühlsee ist so idyllisch, man mag kaum glauben, dass es sich ebenfalls um ein von Menschenhand angelegtes Gewässer handelt. Sowohl zu Fuß als auch per Rad lassen sich die 12,5 Kilometer um seine Ufer herum bequem bewältigen. Autofahrer finden zum Beispiel beim **Seezentrum Schlungenhof** Parkmöglichkeiten. Wer in Gunzenhausen aus dem Zug steigt, kann über den passend benannten »Badeweg« oder am Ufer der Altmühl entlang den östlichsten Seeausläufer erreichen. In welcher Richtung man den See umkreist, ist eigentlich nur eine Frage des persönlichen Geschmacks; nördlich des Seezentrums Schlungenhof befindet sich allerdings der Hundestrand mit kleinem Agility-Parcours, sodass sich ein erster Abstecher dorthin vielleicht anbietet. Auf dieser östlichen Seite des Sees fließt die Altmühl in geringer Entfernung vorbei; im **Seezentrum Muhr**, wo das *Strandhaus* Einkehrmöglichkeiten bietet, befinden wir uns zwischen den beiden Gewässern.

Nur zu Fuß ist die **Vogelinsel**, ein mitten im See befindliches Naturschutzgebiet, zu erreichen. Hier gibt es einen Naturlehrpfad mit Aussichtsturm, wo man sich über die seltenen vor Ort lebenden Vogelarten informieren und sie mit etwas Glück sogar erspähen kann.

Der **Römer- und Alemannenspielplatz** begeistert Kinder, während sich im *Strandcafé Wald* ganz in der Nähe Groß und Klein eine Pause gönnen können. Und wer genug von Strand und Wasserfreuden hatte, der möge nicht versäumen, zumindest dem Städtchen **Gunzenhausen** einen Besuch abzustatten. Auch die Touristenhochburg Rothenburg ob der Tauber ist schwerlich idyllischer und »typischer« deutsch als Gunzenhausen mit seinem mittelalterlichen Wehrgang, dem Blasturm und den historischen Häusern in der Altstadt – dabei ist die Stadt am Altmühlsee erheblich weniger überlaufen. In Gunzenhausen lohnt sich auch ein genauer Blick auf die kleinen, inhabergeführten Geschäfte und Cafés, die sich dort etabliert haben – beispielsweise *Der Käsladen* am Kirchenplatz, die *Töpferei am Färberturm* oder das entzückende *Café am Wehrgang*.

Achterbahn um den Rothsee

Der zwischen Roth und Allersberg gelegene Rothsee gliedert sich in zwei Teile, die Vor- und die Hauptsperre, die es ermöglichen, den See in Form einer Acht zu umrunden – die Gesamtstrecke beträgt dabei etwa zwölf Kilometer. Von der A9 aus gelangt man über die Ausfahrt **Allersberg** zum See und parkt etwa auf dem ausgeschilderten Parkplatz 2 in der Nähe von Kronmühle – oder von Birkach kommend auf dem Parkplatz 5. Vom Bahnhof Allersberg sind es zu

Blick auf den Großen Brombachsee vom Café Seerose aus

Fuß noch etwa 2,5 Kilometer bis zu seinem nördlichsten Teil. Der Rothsee lässt sich auch mit dem Fahrrad gut erreichen, liegt er doch am Radwanderweg Nürnberg–Rothsee–Altmühl.

Will man tatsächlich die »Acht« wandern, beginnt man die Tour am besten im Norden in **Birkach**, einem Ortsteil von Roth, oder im Süden in **Kronmühle**, einem Allersberger Ortsteil, wo der Verbindungsweg zwischen den beiden Seeteilen liegt, und läuft dann erst den einen, dann den anderen Bauch der Acht, ehe man wieder zum jeweiligen Ausgangspunkt zurückkehrt. Die Seezentren Heuberg, Grashof und Birkach weisen Gaststätten und Kioske, Spielplätze, Fahrradverleihstationen und einen Tretbootverleih auf. Die Strandabschnitte können bei gutem Wetter stark überlaufen sein; Hunde sind hier natürlich an der Leine zu halten und dürfen auch nicht ans Wasser. Ebenso herrscht in den beiden Naturschutzgebieten um den See Leinenpflicht. Trotzdem sind die Aussichten am See so schön und die Wanderungen so idyllisch, dass sich der Ausflug auch mit Leine lohnt. Und auf dem Hundestrand, der zwischen Heuberg und Grashof liegt, dürfen die Vierbeiner dann von der Leine und sich ins kühle Nass stürzen.

Hundestrände und -spielplätze

An allen Seen im Fränkischen Seenland gilt es, sehr viele unterschiedliche Interessen unter einen Hut zu bringen: Im Zusammenhang mit den Forderungen im Sinne des Naturschutzes, den Wünschen von Badenden, den Bedürfnissen von Surfern und Wassersportlern und den Ansprüchen von Menschen, die vom Tourismus in der Region leben, manchmal aber auch unter ihm leiden, sind immer wieder Kompromisse angesagt. Wir Hundefreunde

Achilles + Tennisball + Wasser = Glück

sind da nicht ausgenommen, und so müssen Vierbeiner auf den vielen Wanderwegen um die Seen herum, speziell natürlich in den Naturschutzgebieten, an die Leine, und auch die Badestrände sind im Normalfall für freilaufende Hunde tabu.

Trotzdem ist auch für Hunde gesorgt worden, denn an allen drei Seen gibt es spezielle Hundestrände, an denen Freilauf und Baden nicht nur erlaubt, sondern erwünscht sind.

Am **Kleinen Brombachsee** befindet sich der Hundestrand, wie bereits erwähnt, am hintersten Eck der Badehalbinsel Absberg – möglichst weit weg von allen anderen Features des Badezentrums, scheint es. Aber dafür gibt es dort auch einen Hundespielplatz mit Wippe und Parcours zum Balancieren, sodass sich nicht nur eine Badepause einlegen lässt, sondern der Hund auch Gehorsam, Geschicklichkeit und den Kopf trainieren kann.

Einen Hundespielplatz kann auch der Hundestrand am **Altmühlsee** aufweisen; er befindet sich beim Seezentrum Schlungenhof nördlich der Minigolfanlage.

Am **Rothsee** gibt es nördlich des Segelhafens Heuberg einen eigenen Strandabschnitt für Hunde.

Weitere Seen, in denen Hunde in Franken baden dürfen, sind der **Untreusee** bei Hof, die **Marloffsteiner Tongrube** (s. S. 65), der **Dennenloher Baggersee** im Landskreis Ansbach, der **Jägersee** bei Feucht und der **Happburger See** (s. S. 110ff.) in der Hersbrucker Alb.

Übernachten mit Hund im Seenland

Für die meisten Menschen in Franken ist das Fränkische Seenland ein Naherholungsgebiet für Tagesausflüge, aber natürlich lässt sich dort auch ein kleiner Urlaub oder zumindest ein Wochenendaufenthalt gestalten. Wer mit Hund auswärts übernachten will, sucht eine hundefreundliche Unterkunft, in der Hunde idealerweise nicht nur geduldet, sondern wirklich willkommen sind. Spezielle Hundehotels, die sich in erster Linie an Hundehalter und ihre Vierbeiner richten, gibt es – unseres Wissens – im mittelfränkischen Raum noch nicht, aber dafür Ferienwohnungen, die für Hundefreunde gut geeignet sind und teilweise spezielle Angebote für Vierbeiner im Programm haben.

Sigrun Arenz

Übernachtungstipps fürs Seenland

Ferienwohnung in Haundorf:
Am Ortsrand des zwischen Altmühlsee und Igelsbachsee gelegenen Ortes Haundorf befindet sich diese Ferienwohnung in Waldnähe, in der Haustiere erlaubt sind (5 € pro Nacht extra) und die ein eingezäuntes Grundstück besitzt.
Ingrid und Manfred Kuhn, Am Hirtengarten 24, 91729 Haundorf
Tel. 0 98 37/15 01, www.kuhn-ferienwohnung.de
Ab 78 € pro Nacht, max. 5 Personen

Die Hundeschule Waldblick in Heideck östlich vom Großen Brombachsee (mit dem Auto in ca. 15 Minuten zu erreichen) unterhält eine Ferienwohnung für bis zu drei Personen zu 55 € pro Nacht (allerdings erst bei einem Mindestaufenthalt von 5 Nächten). Gäste können an Schulungen rund um den Hund in Form von Gruppen- und Einzelunterricht teilnehmen.
Waldhausstr. 2, 91180 Heideck
Tel. 0 91 77/9 06 72, www.dogschool.de

Das Gästehaus Andrea in Haundorf ist in besonderem Maße auf Hund und Halter eingerichtet. Das beginnt mit dem komplett eingezäunten, ausbruchssicheren Grundstück und einer Hundewiese mit einem Agility Parcours, der etwa eine Geschicklichkeitsbrücke für die Vierbeiner bereithält. Einmal wöchentlich kommt eine Hundeschule dorthin, an deren Unterricht Gäste mit ihren Hunden teilnehmen können. Zur Wohnung gehört auch ein Angelweiher, den Gäste nutzen können.
Andrea Hertlein, Tel. 098 37/12 40
www.hundeurlaub.de/objekt/582

Glücklich, wer in Stadtnähe schnell ins Grüne und ans Wasser kommt – wie hier im Fürther Wiesengrund

Tipp: Hund und Stadt

Nicht immer hat man Zeit und Muße, mit dem Hund auf Wanderschaft zu gehen. Allzu oft müssen wir den Hundespaziergang irgendwo zwischen Arbeit und Abendgestaltung einschieben; da ist es unter der Woche oft unmöglich, erst ins Auto zu steigen oder mit der Bahn zum Ausgangspunkt einer noch so herrlichen Wandertour zu fahren. Deshalb folgen hier Informationen und Tipps, wo man in einigen Städten der Region gut mit Hund spazieren gehen kann, wo es Freilaufwiesen gibt oder Hunde zumindest zeitweise von der Leine dürfen. Vielleicht findet sich ja auf diesem Weg zudem die ein oder andere neue Route, die auch ohne großen Aufwand Abwechslung in die persönliche »Gassi-Landschaft« bringen kann.

Ansbach

Im Westen Ansbachs liegt das **Dombachtal**, ein Waldwiesental mit seltenen Pflanzenarten. Der Dombachtalweg auf der einen, der Teufelsgrabenweg auf der anderen Seite des Flusses bilden einen schönen Rundweg. Auf den Wiesen trifft man immer auf andere Vierbeiner und findet Gelegenheit zu Spiel, Gesprächen und Hundetraining. Und durch den Wald ziehen sich verschiedene Spazierwege, die Hund und Menschenherz erfreuen. Zugang findet man entweder am Stadtrand über die Dombachstraße (beim Diakonischen Werk Ansbach) oder auf der Westseite vom Ortsteil Dombach im Loch her (Herrieder Weg).

Wer vom Wald, diesem Sehnsuchtsort der Deutschen, nicht genug bekommen kann, wird im **Feuchtlachwald** südlich der Fränkischen Rezat im Süden von Ansbach glücklich werden. Zahlreiche Pfade und Wege führen durch den Wald; wer sich etwa von Aumühle aus südlich hält, kommt am Silberbach auf die Felder hinaus und kann dort weiterlaufen. Etwa 11,5 Kilometer lang ist der durch grüne Schilder gekennzeichnete Feuchtlachweg, der in Ziegelhütte am Parkplatz beginnt, über Hofstetten südlich des Waldes und das östlich davon gelegene Wallersdorf und zuletzt wieder zurück zum Ausgangspunkt führt.

Kein originärer Hundeort, schon weil hier selbstverständlich Leinenpflicht herrscht, aber eine Möglichkeit, mitten in der Stadt durchs Grün zu laufen, ist der Ansbacher **Hofgarten** mit seinen symmetrisch angeordneten Alleen und Beeten, der im Norden und Nordosten von der Fränkischen Rezat begrenzt wird.

Etwas außerhalb liegt westlich von Ansbach der **Scheerweiher**, Teil eines Naturschutzgebietes und auf drei Seiten von Wald umgeben, in dem alte Eichen zu bewundern sind. Auch hier lässt es sich wunderbar spazieren gehen.

Der Ansbacher Hofgarten

Nürnberg

In den berühmten Nürnberger Tiergarten dürfen wir unsere Hunde leider nicht mitbringen, aber um ihn herum erstreckt sich der **Schmausenbuck**, ein Teil des Lorenzer Reichswalds, wo sie nicht verboten sind. An der Aussicht vom 29 Meter hohen Schmausenbuckturm aus werden die Vierbeiner wohl weniger interessiert sein, aber die Bäume und vielleicht auch die Steinbrüche aus Sandstein bieten jede Menge Möglichkeiten zum Schnüffeln und Erforschen. Allerdings müssen Hunde hier teilweise an der Leine bleiben.

Sehr schöne Freilaufmöglichkeiten bietet das ganze Jahr über der **Marienbergpark** im Norden der Stadt. Außerhalb der ausgiebigen Hundezone, die durch Schilder gekennzeichnet ist, besteht zwar auch Leinenpflicht, diese aber ist sehr großzügig angelegt, und die Gegend eignet sich vor allem und insbesondere, um jeder Menge anderer, meist verträglicher Hunde zu begegnen. Hier kann man mit seinem Hund Ball spielen, trainieren und kleine Tricks einüben, hier kann man auch zusehen, wie die Vierbeiner miteinander toben, rennen und sich beschnüffeln. Wer seinem Hund soziale Kontakte mit Artgenossen ermöglichen will, findet an diesen Orten immer Möglichkeiten dazu.

Über zweieinhalb Kilometer lang ist der **Wöhrder See**. Wenn man ihn ganz umrunden will, muss man für die gut acht Kilometer doch eine gewisse Zeit einplanen, man kann aber auch am Business Tower die Brücke nutzen, um die Route abzukürzen. Wie von einem zentralen Erholungsort nicht anders zu erwarten, kann es hier insbesondere bei schönem Wetter ziemlich belebt werden, müssen sich Spaziergänger, Radler und Jogger die Wege doch teilen. Das kann mit Hund gelegentlich etwas stressig sein, aber es gibt entlang des Sees auch einige Hundezonen, in denen es dann mal heißen darf: »Leinen los!«

Eigentlich war es im Flächennutzungsplan der Stadt als Wohngebiet ausgewiesen: das zwischen den Stadtteilen Moorenbrunn, Langwasser und Altenfurt im Südosten Nürnbergs liegende **Moorenbrunnfeld**, aber die Stadtteilbewohner sprachen sich schon 2002 für eine Nutzung als Grün- und Freifläche aus, und eine solche ist es bis heute geblieben. Schafe weiden im Frühjahr auf dem Gelände (dann gilt es, mit Hund Rücksicht zu nehmen!), auf dem kargen Sandboden sind seltene Pflanzen- und Tierarten heimisch, und Mensch und Hund können sich über ein herrliches Auslaufgebiet freuen.

Nürnberg–Fürth

Angenehm zu Fuß oder per Rad von der Nürnberger Innenstadt bis nach Fürth – die **Pegnitzauen** machen es möglich. Wer sich an der Nürnberger Fleischbrücke ans nördliche Flussufer begibt, kann immer am Fluss entlang, vorbei am Westbad, zur Fürther Uferstadt und von dort über die Kleine Mainau, eine Park-Wiesen-Anlage, bis ins Zentrum der Stadt Fürth gelangen. Die Entfernung beträgt knappe acht Kilometer, mit dem Rad ist die Strecke deshalb in kurzer Zeit zu bewältigen. Mit einem raderfahrenen, fitten Hund ist das leicht machbar. Wer dieselbe Entfernung mit Hund nicht zurückradeln möchte, kann problemlos mit den öffentlichen Verkehrsmitteln zurückfahren. Ansonsten bietet im Grunde jeder Streckenabschnitt schöne Gassimöglichkeiten. Zwischen Westfriedhof und Westbad gibt es spezielle Hundezonen, in denen sich

Vierbeiner treffen, frei laufen und ein Bad im Fluss nehmen können. In Fürth macht die Pegnitz bei der Uferstadt einen Bogen; das dazwischenliegende Gebiet wird von Spaziergängern auch mit Hund gerne genutzt, hier herrscht allerdings Leinenpflicht. Folgt man dem Weg rechts des Flusses weiter, gelangt man in den Wiesengrund; überquert man die Pegnitz am Pappelsteig, findet man sich im Fürther Stadtpark wieder.

Fürth

Im **Wiesengrund** treffen sich die Hundebesitzer der Innenstadt fast zwangsläufig, weil das weitläufige Gebiet so schnell zu erreichen und so schön ist. Der kombinierte Rad-/Fußweg am Fluss entlang gleicht freilich bei schönem Wetter manchmal dem Londoner »Cycle Superhighway«: Radfahrer rasen oft in sehr hohem Tempo über den Asphaltweg, sodass es nicht unbedingt geraten (wiewohl nicht verboten) ist, Hunde hier von der Leine zu lassen. Entspannter ist die Situation auf den Feldwegen, »An den Gärten« oder am Stadtwiesengraben entlang. Dort hat man, je nach Tageszeit und Wetterbedingungen, die Chance auf jede Menge Hundebegegnungen – oder auch darauf, ungestört die Weite genießen zu können, vor allem an einem Regentag, wenn ausnahmsweise mal wirklich kaum jemand unterwegs ist. Ab und zu weiden Schafe auf den Wiesen; dann heißt es natürlich Rücksicht nehmen und Hunde anleinen. Wo Pegnitz und Rednitz zusammenfließen und zur Regnitz werden, lässt es sich auf dem dreieckigen Platz am Zusammenfluss wunderbar eine Weile sitzen und aufs Wasser hinausschauen. Jenseits des Zusammenflusses breiten die Auen sich weiter aus –

von hier aus geht es im Grünen hinaus ins Fürther Land, tatsächlich dürfen aber in der Zeit von März bis Oktober die Grünflächen hinter dem Käppnersteg nicht betreten werden, weil es sich um ein Schutzgebiet für Störche handelt.

Der **Fürther Stadtpark** lädt mit seinen Wiesenanlagen, den herrlich gestalteten Beeten, mit Minigolfanlage, *Stadtparkcafé*, blühenden Bäumen, Abenteuerspielplatz, Rosengarten und Springbrunnen zum Flanieren, Genießen, Ausruhen und Träumen ein. Frei laufen lassen darf man seinen Hund hier natürlich nicht, aber die grüne Oase mitten in der Stadt tut Zwei- und Vierbeinern gleichermaßen gut.

Der **Fürther Stadtwald**, der sich von der Zirndorfer Alten Veste im Südosten an Oberfürberg vorbei bis Seukendorf ausbreitet, ist ein komplettes Naherholungsgebiet mit vielen verschiedenen Wanderwegen, mit Erlebnislehrpfad, Wildschweingehege und Trimmdichpfaden und bietet vom kurzen Verdauungsspaziergang bis zur kleinen Wanderung hin Spazierwege jeder Länge. Die großen Wege können bei entsprechender Wetterlage sehr belebt sein, dem Wildschweingehege nähern Achilles und ich uns mit großer Vorsicht (meinerseits) und großer Neugier (seinerseits), aber die Seitenpfade bieten durchaus auch Möglichkeiten, den Hund mal von der Leine zu lassen, sofern er in Sichtweite und zuverlässig abrufbar bleibt.

Die einen finden ihn öde und langweilig, andere mögen die geraden Strecken und die weite Sicht – der Weg entlang des **Main-Donau-Kanals** ist nicht jedermanns Sache, schon weil auf seiner östlichen Seite die Südwesttangente verläuft. Für ausgiebige Hundespiele eignet sich der Rad- und Wanderweg am Kanal entlang jedenfalls nicht, weil es nur einen relativ knappen

Grünstreifen auf der einen, einen Uferstreifen auf der anderen Seite gibt. Aber gerade mit dem Rad kann es durchaus Spaß machen, etwa von der Forsthausbrücke, vom Eschenausteg oder vom Fürberger Steg ein Stück weit Richtung Nürnberg am Kanal entlangzufahren. Weil der Weg meist nicht asphaltiert, sondern fein geschottert ist, sind andere Radler zwar flott, aber meist nicht extrem schnell unterwegs, sodass man einigermaßen entspannt fahren und den Hund von der Leine lassen kann. Das Ufer ist an den meisten Stellen flach genug, damit das Tier sich abkühlen kann. Aufpassen heißt es dort, wo es kein Ufer, sondern eine senkrecht abfallende Steinmauer gibt.

Kein Ort für große Wanderungen, aber eine grüne Oase für alle ist der **Fürther Südstadtpark** auf dem Gelände der ehemaligen Kaserne. An sonnigen Tagen findet man dort Flanierende, Eltern mit Kindern, die sich auf dem Spielplatz vergnügen, Hunde (nicht alle ihre Besitzer halten sich an die Leinenpflicht), die sich gegenseitig schnuppernd begrüßen, Sportler, die über die Wege joggen, Skater, Klettermaxe, Sonnenanbeter auf Bänken und auf der Wiese sowie große und kleine Zweibeiner mit Eistüten aus dem Café an der Grünen Halle. Also ein idealer Ort für die ganze Familie, an dem auch der Hund seinen Spaß haben kann.

Erlangen

Wie in allen fränkischen städtischen Grünanlagen herrscht auch im Erlanger **Schlossgarten** und im angrenzenden Botanischen Garten Leinenpflicht für Hunde; dennoch dürften diese Anlagen die ersten Anlaufstellen für Hunderunden in der Innenstadt sein. Unter den Bäumen des Schlossparks liegen an warmen Tagen Studenten auf Decken; Picknicks werden ausgepackt und im Frühjahr die ersten warmen Sonnenstrahlen genossen. Die Orangerie bietet einen ästhetisch ansprechenden Hintergrund, vor allem im Frühjahr, wenn die Magnolien blühen und alles frisch und duftig ist. Vom Schlossgarten aus gelangt man direkt in den **Botanischen Garten** mit seinen rund 4000 Pflanzenarten. Solange man darauf achtet, dass der Hund nicht in den Seerosenteichen baden geht, und ihn bei einem Abstecher in die Gewächshäuser noch draußen anleint, können Hund und Mensch hier die vielfältigen Facetten der Natur genießen. Zahlreiche Cafés um den Schlosspark herum laden dazu ein, sich nach dem Ausflug in die Flora noch einen gemütlichen Abschluss zu gönnen.

Genug von Cafés und Picknickdecken unter Bäumen! Wer mit seinem Hund mal so richtig ausschreiten will, ohne dafür gleich in die Fränkische Schweiz oder an die großen Seen (s. S. 33ff.) fahren zu müssen, findet im **Sebalder Reichswald** Gelegenheit für ausgiebi-

Relaxen vor der Orangerie im Erlanger Schlosspark

ge Spaziergänge. Von Tennenlohe, Bruck, Buckenhof oder Uttenreuth aus geht es in das etwa 10 000 Hektar große Waldgelände, das von zahlreichen Wanderwegen durchzogen ist. Ein Highlight im **Tennenloher Forst,** einem Teilabschnitt des Sebalder Reichswaldes, ist das Przewalski-Wildpferd-Gehege (www.wildpferde-tennenlohe.de), das ursprünglich in erster Linie ein Projekt zum Schutz des Sandmagerrasens und der Heiden vor Verbuschung war. Die Beweidung mit genügsamen Pferdearten wie den Przewalski-Pferden sollte dazu beitragen, die Lebensräume der dort heimischen Tier- und Pflanzenarten zu erhalten. Heute ist das Gebiet mit seinen Pferdeherden ein echter Publikumsmagnet.

Westlich der Erlanger Stadtteile Bruck und Eltersdorf sowie dem Erlanger Zentrum selbst erstreckt sich der **Regnitzgrund**, der Spaziergänge und Erholung ermöglicht. Auch der ist ausgewiesenes Naturschutzgebiet mit Leinenpflicht vom 1. März bis zum 31. August. Dennoch finden Zwei- und Vierbeiner hier genügend Platz, Grün und frische Luft, um schöne Stunden im Freien verbringen zu können.

Dem Wunsch nach **Freilaufzonen** kam die Stadt Erlangen damit nach, dass sie drei städtische Grundstücke aussuchte, in denen Auslaufareale entstanden sind, die freie Bewegung und Sozialkontakte unter freilaufenden Hunden ermöglichen: Zwischen der Georg-Krauß-Straße und dem Main-Donau-Kanal in Alterlangen, auf der Fläche südlich der Tennisanlage des Vereins Rot-Weiß Erlangen e. V. (zwischen Lautnerweg und Ebrardstraße beim Bürgermeistersteg) und am Holzweg in Büchenbach gibt es ausgewiesene Hundefreilaufflächen, auf denen man ganz legal den Hund von der Leine lassen kann.

Sigrun Arenz

Tipp: Hund und Kultur

Hund und Kultur? Das klingt erst einmal wie ein Widerspruch. Was will ein Hund mit Hindemith anfangen? Das Naheliegendste, was einem selbstbewussten Rüden beim Anblick einer Statue von Goethe und Schiller einfällt, ist wohl, gegen den Sockel zu pinkeln, und die Anzahl der Bücher, die Achilles im letzten Jahr gelesen hat, lässt sich an einer Pfote abzählen.

Es hat gute Gründe, dass Hunde von den meisten kulturellen Veranstaltungen ausgeschlossen sind: die Ansprüche anderer Menschen, den Schutz von Kunstwerken und Ausstellungsräumen – und durchaus auch das Interesse am Tierwohl. Viele Aktivitäten, die dem Menschen Spaß machen, bedeuten für Hunde schlicht und ergreifend Stress. Dazu gehören riesige Menschenmengen, wie wir sie auf Volksfesten finden, laute Musik, die auf das empfindliche Hundeohr viel stärker wirkt als auf unseres, und die bloße Tatsache, dass ein Vierbeiner, der stundenlang unter fremden Menschen ist, sich nur schlecht entspannen kann.

Auf der anderen Seite verbringen viele Vierbeiner ohnehin schon reichlich Zeit ohne Frauchen und Herrchen, wenn die etwa in der Arbeit sind, und gerade in der Freizeit wünschen sich Hundehalter, ihr Tier in die Planungen miteinzubeziehen. Dabei gilt es – neben der Frage, wohin Hunde überhaupt mitgenommen werden dürfen – immer abzuwägen: Bedeutet der angedachte Ausflug mit »Kulturprogramm« eher Stress für den Hund, oder wiegt die Tatsache, dass er dabei sein kann und nicht ohne Frauchen oder Herrchen alleine zu Hause bleiben muss, schwerer als die Nachteile? Viele Hunde wollen einfach Teil des Rudels sein und nehmen dafür auch Situationen in Kauf, die sie natürlicherweise

Na, Achilles, vor dem Konzertbesuch noch schnell ins Café?

vermeiden würden. Trotzdem liegt die Entscheidung immer bei uns Menschen, und manchmal ist es einfach die bessere Alternative, den Vierbeiner zu Hause zu lassen, als ihn dem Stress auszusetzen, den so manche Aktivität des Homo sapiens ausmacht.

Trotz alledem: Hund und Kultur, das ist nicht in jedem Fall unvereinbar, deshalb hier ein paar Informationen über mögliche, im weitesten Sinne »kulturelle« Aktivitäten mit Hund. Da hier auch Einzelveranstaltungen aufgeführt sind, sollten Termine und Angebote jeweils noch einmal selbstständig recherchiert werden.

Open-Air-Veranstaltungen

Eins noch vorneweg: Bei den zwei Nürnberger Klassik-Open-Airs, die Jahr für Jahr um die 160 000 Besucher anziehen, sind Hunde nicht erwünscht. Das ist auch ganz gut so, denkt man an die Dichte, in der sich die Menschen auf Decken und Klappstühlen drängen.

Auch große Rockkonzerte im Freien sollten für Hunde eher eine Tabuzone sein, schon weil die Musik viel zu laut für ihre empfindlichen Ohren ist.

Aber es gibt durchaus kleinere Open-Air-Veranstaltungen, bei denen die Anwesenheit eines Vierbeiners denkbar ist. Schon bei der bescheideneren, aber dennoch beliebten Variante des Klassik-Open-Airs in Fürth, der **Classic Night**, ist die Teilnahme mit Hund durchaus möglich. Eine intelligente Platzierung ist hier das A und O – wer sich einen Randplatz mit vielleicht nicht optimaler Sicht, dafür aber ein bisschen mehr Bewegungsfreiheit sucht, hat gute Chancen, niemanden zu stören. Ansonsten ist es mit Hund genauso wie mit kleinen Kindern: Wenn sie zu quengelig werden, muss man eben unter Umständen mal eine Runde mit ihnen drehen, damit die anderen Gäste das Konzert in Ruhe genießen können.

Vielleicht noch besser als Konzerte sind Lesungen im Freien, die in der Sommersaison mittlerweile keine Ausnahmen mehr sind. Extrem laute Musik ist bei diesen Veranstaltungen nicht zu erwarten, die Anzahl an

Nur in Ausnahmefällen ist der Hund in der Kirche willkommen.

Zuhörern ist begrenzt, und auch hier lässt sich oft ein strategisch günstiger Randplatz ergattern. Im Fürther Stadtpark finden im Juli etwa die beliebten **Parklesungen** statt, bei denen meist Autoren aus der Region aus ihren Werken vorlesen. Ebenfalls in Fürth hat sich im Juni mittlerweile das Festival **StadtLesen** (www.stadtlesen.com) etabliert, bei dem sich die schönsten Orte der Innenstadt in ein »Outdoor-Lesewohnzimmer« verwandeln. So laden etwa Sitzsäcke und Buchregale auf der Konrad-Adenauer-Anlage dazu ein, sich (vielleicht eben auch mit Hund) niederzulassen und ein wenig zu schmökern. Das **Erlanger Poetenfest** (www.poetenfest-erlangen.de) im August ist zwar vordergründig eine Indoor-Angelegenheit (vor allem bei Schlechtwetter!), aber auch hier gibt es reichlich Veranstaltungen im Freien, etwa im Schlossgarten oder im Botanischen Garten, die auch für Hundebesitzer infrage kommen.

Beim **SommerNacht FilmFestival** (www.sommernachtfilmfestival.de), das im Großraum Nürnberg an verschiedensten Spielstätten Klassiker, Arthouse-Filme, Dokumentationen und sogar Stummfilme zeigt, gibt es einige Spielstätten, an denen Hunde erlaubt sind, wenn sie angeleint, ruhig und die Spielstätten nicht zu voll sind. Eine Anfrage für die einzelnen Veranstaltungen ist der sicherste Weg, am Ende nicht mit seinem Vierbeiner am Eingang abgewiesen zu werden.

Hund und Kirche

Im Normalfall müssen Hunde draußen bleiben, wenn Herrchen und Frauchen eine Kirche oder einen Gottesdienst besuchen; Ausnahmen sind möglich, aber so selten, dass etwa an einem Urlaubsort nur eine Anfrage im Pfarramt oder direkt in der Kirche sinnvoll ist.

Allerdings gibt es in der Region seit einigen Jahren immer wieder spezielle kirchliche Veranstaltungen, die sich an Mensch und Tier richten. So fand etwa im Oktober 2018 in Erlangen in der Neustädter Universitätskirche ein Gottesdienst statt, bei dem etwa dreißig Hunde gezählt wurden. Auch »Segnungsgottesdienste« für Mensch und Tier bieten verschiedene Kommunen immer wieder an. Leider gibt es für derartige Veranstaltungen kein Verzeichnis oder Ähnliches, sodass sich Interessierte auf aktuelle Informationen in den Medien verlassen – oder sich durch den Dschungel an Informationen im Internet schlagen und einen Treffer finden müssen.

Hund im Museum

Im Normalfall keine glückliche Verbindung, und ich muss auch zugeben, dass Achilles bislang nur selten von sich aus vorgeschlagen hat, wir könnten ja mal wieder ins Museum gehen. Insofern: Muss ja nicht unbedingt sein … Aber schon alleine, weil es meist nicht möglich ist, freut sich die Hundebesitzerin, wenn es eben doch möglich ist, mit Hund ins Museum zu gehen.

Freilandmuseen sind da sicher die beste Option, etwa das **Fränkische Freilandmuseum Bad Windsheim** (s. S. 24f.). Sie haben meist schön gestaltete Außenanlagen, sodass auch der Vierbeiner etwas Spaß an dem Ausflug haben kann (natürlich an der Leine), und wenn die Menschen in eines der Gebäude wollen, kann das Tier für kurze Zeit draußen angebunden werden oder mit einem Zweibeiner aus der Gruppe draußen eine Runde drehen, während die anderen sich im Inneren informieren.

Ob Hunde und Dinosaurier sich verstanden hätten, wenn sie gleichzeitig auf der Erde gelebt hätten? Wahrscheinlich nicht. Aber im **Dinosauriermuseum Altmühltal** (www.dinopark-bayern.de) dürfen Hunde an der Leine mitgeführt werden. Der eineinhalb Kilometer lange Erlebnislehrpfad ist eine Reise durch die verschiedenen Erdzeitalter und lässt durch die lebensgroßen Nachbildungen Urgeschichte lebendig werden. Mitmachstationen laden dazu ein, die Arbeit von Paläontologen nachzuempfinden, indem die Museumsbesucher selbst nach Fossilien und Millionen Jahre alten Haifischzähnen suchen dürfen.

Es gibt auch vereinzelte Museen, die regelmäßig oder einmalig »Hundetage« anbieten. Um mal außerhalb Frankens zu beginnen: Im **Bremer »Geschichtenhaus«** (www.bremer-geschichtenhaus.de) dürfen Hunde seit 2006 ihre Besitzer jederzeit durch die Ausstellungen begleiten. Das nordrhein-westfälische **Neanderthal-Museum in Mettmann** (www.neanderthal.de) veranstaltet an jedem ersten Freitagnachmittag im Monat einen »Doggy Day« sowie gelegentlich spezielle Hundeführungen, in denen es um die Geschichte und die besondere Beziehung von Mensch und Hund geht.

Wem Bremen und Nordrhein-Westfalen zu weit weg sind, der wird auch in Franken fündig: In **Dinkelsbühl** lädt das **Museum 3. Dimension** (www.3d-museum.de) nicht nur dazu ein, stereoskopische Ausstellungsstücke und Holografien zu bestaunen, sondern auch, seinen Hund mitzubringen. Ob der genauso beeindruckt sein wird wie die menschlichen Besucher, ist zwar ungewiss, aber besser, als draußen vor dem Gebäude angebunden zu werden, ist es hoffentlich allemal.

Sigrun Arenz

Aus dem Hunde(halter)leben

Kant kommt nicht in die Tüte

Früher, als der Hund noch bei meinen Eltern lebte und ich ihn nur am Wochenende zum Spazierengehen abholte, befand ich mich auf einer moralisch niedrigeren Stufe des Daseins. Ich war nicht böse, keineswegs. Aber so richtig gut zu sein, das schaffte ich auch nicht immer. Auf einer niedrigen Stufe der moralischen Entwicklung weiß man schon, was richtig ist, aber man findet immer wieder Gründe, nicht entsprechend handeln zu müssen.

Ich meine, das hier ist ein Feldrand. Mit hohem Gras. Da läuft niemand durch, und landwirtschaftlich genutzt wird der auch nicht. Also ist es in diesem Fall nicht so schlimm. Und außerdem hat es keiner gesehen. Vielleicht habe nicht einmal ich es richtig bemerkt. Man kann ja seinen Hund auch nicht jede Sekunde im Auge behalten …

Neuerdings wohnt Achilles aber bei mir, und ich habe ganz schnell Kants Pflichtethik verinnerlicht, das Gute um des Guten willen zu tun – außerdem will man sich ja bei seinen Nachbarn nicht total unbeliebt machen – und seitdem habe ich einen neuen, ständigen Begleiter. Nein, ich meine nicht den Hund, sondern den damit einhergehenden, ebenso zutreffend wie unsympathisch benannten HUNDEKOTBEUTEL. Tugend bringt ihre eigene Belohnung mit, denn seitdem kann ich guten Gewissens an all diesen kleinen Schildern vorbeigehen, auf denen so schöne Dinge stehen wie »Sei kein Schwein, pack's ein« oder auch »Arschlöcher, nehmt die Hundescheiße mit!«

Kant wäre im Übrigen stolz auf mich, denn nicht aus Angst, sondern aus Prinzip habe ich jetzt immer eine Tüte dabei und sammle die Hinterlassenschaften meines Vierbeiners ein. Nur dann, so der Königsberger Philosoph – der übrigens Tierquälerei deshalb ablehnte, weil sie eine Verrohung des Menschen zur Folge habe, nicht um des Tieres selbst willen –, handle es sich um eine moralisch gute Tat. Wer aus Angst, Eigennutz oder Lust hinter seinem Hund herräumt, tut zwar auch etwas Richtiges, doch ethisch gesehen kann er sich nichts darauf einbilden.

Kant hätte aber auch gesagt, dass nur der gute Wille, nicht die Tat selbst zählt. Zum Glück, denke ich mir, als ich um drei Uhr morgens in dem kleinen Park um die Ecke stehe, eine Regenjacke über meinem Pyjamaoberteil, das »Sackerl« in der Hand. Es ist kalt. Und dunkel. Und ich bin überhaupt nicht froh darüber, dass Achilles mitten in der Nacht dringend raus musste. Wahrscheinlich sollte ich die Sache positiv sehen und mich freuen, dass er mich wenigstens geweckt hat, anstatt in die Wohnung zu machen, aber versuchen Sie mal, nachts um drei positiv zu denken! Ich drehe also eine müde Runde durch den Park, und dann noch eine, weil es plötzlich offenbar doch gar nicht so dringend …

»Jetzt mach halt, du blöder Hund«, grummle ich frierend, und tatsächlich hockt Achilles sich hin. Na endlich, denke ich mir, pfriemel an der Tüte herum, die natürlich nicht aufgehen will, verwünsche den Hund, die Tüte, ihre Hersteller und Kant, der mir mahnend über die Schulter zu blicken scheint, als ich einen Moment lang erwäge, einfach weiterzugehen. Und dann, als die Pflichterfüllung gesiegt hat, kann ich den Haufen im Dunkeln nicht entdecken, weil ich die ganze Zeit mit dem Öffnen der Tüte beschäftigt war. Ich beuge mich tiefer über die Wiese, suche mit schlaftrunkenen Augen nach einem Hundehaufen, den ich eigentlich gar nicht finden will, trete einen Schritt zurück und … »Ach, Kacke!«, fluche ich, und das trifft in jeder Hinsicht zu.

Dann nehme ich Kant beim Wort und packe die Tüte ein, denn die nützt mir jetzt auch nichts mehr, aber wenn mein Schuh nicht schmutzig und ich nicht so müde wäre, könnte ich mich jetzt freuen, moralisch gesehen jedenfalls, denn was zählt, ist der *Wille* zum Guten. Und den hatte ich ja wohl, Herr Kant. Was anderes kommt heute nicht in die Tüte.

Sigrun Arenz

Bei den sieben Zwergen 3

Von Bubenreuth aus zu den Märchenweihern

Warum wir die Tour lieben:
Weil sie direkt aus der Metropolregion heraus eine kleine, feine, abwechslungsreiche Wanderung mit einem Picknick am Ufer verbinden lässt. Auch als Ausflug für die ganze Familie geeignet.

Was für den Hund drin ist:
»Sagtest du was von einem Badesee? Ich bin dabei! Vergiss den Ball nicht!«

Eckdaten:

- In etwa 2,5 Std. lassen sich die knapp 10 km auf gut begehbaren Wegen leicht schaffen.
- Wenige Steigungen, Panoramablicke und Waldwege im Wechsel.
- Bademöglichkeiten für Hund und Mensch.
- Rundwanderweg, der sowohl mit den öffentlichen Verkehrsmitteln als auch mit dem Auto gut zu erreichen ist.

Und jetzt geht's los!

Vom **Bahnhof** in **Bubenreuth** aus (da wir dieses Mal ökologisch vorbildlich mit der Bahn angereist sind; Autofahrer suchen sich einen geeigneten Parkplatz in direkter Nähe, was nicht schwerfallen dürfte) laufen wir die Neue Straße (später Hauptstraße) entlang, bis wir rechts in die Rathsberger Steige einbiegen und hinauf Richtung Wald wandern. Dieser Teil des Bischofsmeilwalds mit seinen alten Steinbrüchen ist seit 1996 Naturschutzgebiet mit dem Namen **Wildnis am Rathsberg.** Der Hund muss hier entsprechend an die Leine, der Mensch auf dem Pfad bleiben.

Im Bubenreutheum wird die bedeutende Geschichte des Geigenbaus in der Region erzählt – im Bild das Geigenbauerdenkmal am Eichenplatz.

Wir laufen nach **Rathsberg**, wo es am Rand der Siedlung erst kurz rechts, dann gleich wieder nach links geht. Im Dorf biegen wir links auf die Straße »Zum Aussichtsturm« ein, die nicht das hält, was sie verspricht, denn der 1885 erbaute Turm existiert seit den Siebzigerjahren nicht mehr. Heute steht dort ein großes Holzkreuz an dem Platz, der für Waldgottesdienste genutzt wird. Auch Schloss Rathsberg ist, da im Privatbesitz, nicht zu besichtigen, aber wir wollen ja ohnehin wandern. Ein Blick auf das historische Tor des Schlosses soll also genügen, ehe wir über den »Ziegelacker« (direkter Anschluss an »Zum Aussichtsturm«) zum »Rundblick« gelangen, einem Weg, der uns herrliche Aussichten ermöglicht und uns bis zur **Tongrube Marloffstein** führt. Hier gibt es nicht nur herrliche Liegeflächen, vor allem sind Hunde kein Problem, und mit etwas Rücksichtnahme auf Sonnenanbeter und Kinder können vierbeinige Wasserratten sich hier austoben. Kurz bevor wir auf die Hauptstraße in den Ortskern von Marloffstein stoßen, führt unser weiterer Weg links Richtung **Adlitz**, wo sich gegebenenfalls eine Pause im Gasthaus *Zur Ludwigshöhe* mit seinem Biergarten anbietet.

Hier beginnen wir gewissermaßen den »Rückweg« unserer Runde etwas weiter nördlich, als der Ausgangspunkt gelegen hat. Bei Adlitz halten wir uns links und folgen dem Waldweg, der uns zum **Märchenweiher** führt. Eine interessante Geschichte zu diesem schönen Namen gibt es leider nicht, aber wenn die Sonne durch die Bäume auf das Wasser fällt, kommt durchaus eine märchenhafte Stimmung auf. Bänke und Tische laden zum Verweilen ein. Links vom Weiher führt der Weg uns zu einer der Quellen, die den Weiher speisen. Auch hier findet sich eine Ruhebank, aber auch eine Informationstafel und, wenn man genau hinschaut und Glück hat, sind kleine Frösche in der steinernen Wasserrinne zu sehen.

Schloss Atzelsberg: heute eine beliebte Location für Hochzeiten und Tagungen

An Obstwiesen entlang kommen wir jetzt nach **Atzelsberg** und zu einem kleinen Schloss, in dem nicht nur Hochzeiten gefeiert werden können, sondern an manchen Sonntagen auch ein besonderer, oft unter einem Motto stehender Brunch stattfindet. Die uralte, vollkommen mit Efeu überwucherte Eiche vor dem Schloss ist mir bei meinem ersten Ausflug zum Märchenweiher leider völlig entgangen, dabei ist es ein beeindruckendes Naturdenkmal, dessen umschlungene drei Stämme wie Finger in den Himmel ragen.

Vor dem Schloss halten wir uns links, folgen einem Linksbogen des Weges, gehen an einem Parkplatz vorbei und biegen an der nächsten Einmündung wieder rechts ab, wo wir kurz auf einem Pfad neben der Autostraße entlanglaufen. Dann geht es kurz nach rechts und anschließend wieder links zurück in den Wald, wo wir dem Pfad über verschiedene Biegungen folgen, bis er uns zuletzt zurück zur Bubenreuther Straße führt, neben der wir links auf einem Fußweg gehen können. Schon bald erkennen wir die Hauptstraße wieder, auf der wir unsere Wanderung begonnen haben, und laufen gemütlich zum Bahnhof zurück – sofern wir nicht vorher noch im Ort einkehren oder Spuren der Geschichte des Geigenbaus in Bubenreuth suchen – zum Beispiel zeugt eine Hausmalerei von der Ansiedlung der aus dem Sudetenland vertriebenen Geigenbauer nach dem Zweiten Weltkrieg.

Sigrun Arenz

Mein persönlicher Einkehrtipp:

Zur Ludwigshöhe, Adlitz 12, 91080 Marloffstein
Tel. 0 91 31/5 29 29, www.adlitzer-biergarten.de
März–Nov Fr–Mi 11.00–21.00, Do Ruhetag
Dez–Feb Fr–So 11.00–22.45

Typisch fränkische Kost, auch mit Fleisch »aus dem Wald«, wie Hirschkalbsbraten oder Feldhasenkeule aus eigener Jagd. Für Vegetarier zum Mittagessen eher bedingt geeignet – aber vielleicht gehen die einfach gleich zum Nachtisch oder zum Kuchen über.

Achilles macht's vor:
So ein bisschen Regen hält uns nicht von Spaß und Spiel ab!

Waldbaden bei Schietwetter

Schlechtwettervariante zur Tour »Märchenweiher«

Na großartig! Da habe ich meine Müdigkeit besiegt, meinen Rucksack gepackt und den Hund überredet, in den Kofferraum zu springen, um die Tour zum Märchenweiher zu machen (s. S. 63ff.), und dann das! Es schüttet wie aus Eimern, als ich durch die Hauptstraße von Bubenreuth bei Erlangen fahre. Vielleicht hätte ich vorher mal den Wetterbericht anhören sollen. Bei *dem* Wetter zweieinhalb Stunden durch Wald und Feld, das ist keine einladende Vorstellung. Aber weil ich nun schon einmal hier bin und weil Achilles ja doch mal raus muss und weil der Regen nach ein paar Minuten wenigstens ein bisschen nachlässt, beschließe ich, dass die Anfahrt trotzdem nicht ganz umsonst gewesen sein soll. Und so ist das Folgende nicht so sehr eine Wandertour, sondern ein Vorschlag für einen Wochenendspaziergang abseits der normalen Pfade, wenn man sich mal nicht vom Wetter die Minimalrunde diktieren lassen will. Weil man bei Regen nicht unbedingt auch noch mit Buch oder Karte hantieren will, geht es hier einfach nur auf dem breitesten Wanderpfad durch den Wald und genauso auch wieder zurück.

Wir beginnen unseren Regenspaziergang am Parkplatz unterhalb des Friedhofs in **Bubenreuth.** Dazu folgt man der Hauptstraße, die zur Bubenreuther Straße wird, und biegt dann rechts Richtung Friedhof ab. Am Parkplatz beginnt der **Hangweg**, ein breiter, geschotterter Pfad, der alsbald in den Bischofsmeilwald hineinführt. Dieser Weg verläuft in einem weiten Rechtsbogen durch den Wald und wird zur Rathsberger Steige, wobei es mal hangaufwärts, mal ein Stück bergab geht. Gelegentlich zweigen andere Pfade ab, unser Weg ist aber der breiteste und nicht zu verkennen.

Selbst bei Schmuddelwetter zeigt sich das (innere) Leuchten des Waldes.

»Waldbaden« gilt bei den Japanern als Medizin, der achtsame, zweckfreie Aufenthalt im Wald soll den Blutdruck senken und das Immunsystem stärken. Wissenschaftlich erwiesen ist das bislang nur zum Teil, aber dass der Aufenthalt unter Bäumen, der Geruch von Harz und Holz, das Grün und die Stille gut tun, ist unbestritten. Schon zwanzig Minuten im Grünen senken erwiesenermaßen das Level des Stresshormons Cortisol im Blut. Da ist es übrigens ganz egal, ob es regnet oder nicht.

Unser Weg führt uns gar nicht weit von der Ortschaft fort, sondern mündet nach einer schönen (und halbwegs trockenen) halben Stunde im Wald in die **Meilwaldstraße** am südlichen Rand von Bubenreuth. Wer wollte, könnte jetzt schon einfach rechts in die Birkenallee abbiegen und dann am Katholischen Pfarramt via Waldstraße durch den Ort zum Ausgangspunkt zurückkehren, aber erstens regnet es noch immer, und zweitens ist der Rückweg durch den

Wald auf demselben Pfad einfach schöner. Natürlich gibt es im Meilwald noch viele andere Wege, zum Teil auch solche, die, weil schmaler, noch besser vor dem Regen schützen, aber der Vorteil des Hangweges besteht darin, dass es unmöglich ist, ihn zu verfehlen, sodass man auch ohne Karte, Kompass oder GPS unweigerlich wieder an seinen Ausgangspunkt zurückfindet.

Der Wald hat übrigens sein Versprechen in puncto Stresssenkung und Regenschutz gehalten: Achilles ist vielleicht nicht weniger schmutzig als nach einem Spaziergang durch regennasse Wiesen, aber ich bin weitgehend trocken geblieben, und Müdigkeit und Anspannung sind wie verflogen nach diesem Bad im Grün. Wie zur Belohnung lässt sich, sobald wir wieder am Friedhof angekommen sind, auf einmal doch noch die Sonne blicken. Und weil es unterhalb des Friedhofs eine schöne, große Wiese gibt (man beachte allerdings die Warnschilder, dass es sich dabei nicht um eine Hundetoilette handle!), hole ich den mitgebrachten Ball heraus und lasse Achilles noch ein paar Minuten apportieren.

Weitere empfehlenswerte Waldspaziergänge in der Region

Genauso wie für die Sommerhitze lassen sich für Regenwetter Waldspaziergänge besonders empfehlen, weil sie in beiden Fällen vor der Witterung schützen. In der Metropolregion bieten sich außer dem Meilwald bei Bubenreuth noch einige weitere davon an.

In Fürth ist die erste Adresse für Waldabenteuer der **Fürther Stadtwald**. Vom Parkplatz am Forsthaus bei Oberfürberg aus (Weg »Zum Vogelsang«) geht es zum **Schwarzwildgehege**, wo Achilles sich jedes Mal wieder überlegt, ob er es nicht mit der ein oder anderen Wildsau aufnehmen könnte, wenn sein Frauchen ihn denn ließe. Von dort aus stehen zwei- und vierbeinigen Wanderern mehrere Möglichkeiten zur Fortführung des Spaziergangs offen: zum Beispiel der **Vita-Parcours**, ein etwa drei Kilometer langer Trimm-Dich-Pfad durch den Wald, oder der **Marmaris-Wanderweg**, der zum Hexenplatz führt. Beide Wege sind gut ausgeschildert.

Nördlich des Nürnberger Flughafens liegt der Stadtteil **Buchenbühl**, um den herum sich der **Kraftshofer Forst** ausbreitet. Wer mit dem Auto ankommt, kann es auf dem Wanderparkplatz an der Rathsbergstraße abstellen, von dort aus verschiedene Routen durch den Wald wählen und das Dach der Bäume als Regenschutz nutzen. Nicht so gut geschützt, aber wegen seiner Weite und freien Sicht als Freilauffläche geeignet ist die Anhöhe gegenüber dem Rollfeld des Flughafens (östlich der Rathsbergstraße).

Westlich von **Cadolzburg** erstreckt sich ein Waldgebiet bis nach **Keidenzell**, auf dessen Wanderwegen man sich für eine

Ein Sandsteinbruch im Fürther Stadtwald

In unmittelbarer Waldspaziergangsnähe: die imposante Cadolzburg

Weile verlieren (und hoffentlich auch wiederfinden) kann. Vom Wanderparkplatz Gonnersdorfer Straße aus geht es in westlicher Richtung los. Oder man fährt auf der Straße zwischen Keidenzell und Deberndorf, die mitten durch den Wald führt, und stellt sein Auto auf dem Wanderparkplatz Dillenberg ab, um von dort aus loszulaufen.

Wer nach seinem Waldabenteuer Hunger bekommen hat, findet in den umliegenden Orten mehrere angesagte Adressen, etwa den *Keidenzeller Hof*, der sich moderner Gourmetküche rühmt, oder das Traditionsgasthaus *Zu den drei Linden* in Zautendorf, das mittwochs und freitags bis sonntags fränkische Küche und Brotzeiten anbietet. Die *Schloss-Gaststätte* in Deberndorf erlaubt Tiere neuerdings nur noch im Biergarten – also eher nichts für unseren Regentag; diesen Ausflug sollten sich Hundebesitzer besser für einen warmen Sommertag aufsparen.

Sigrun Arenz

Da freut sich der Mensch: Achilles fischt seinen geliebten Tennisball aus dem schlammigsten Bach ganz Mittelfrankens.

Tipp:
Spaß und Spiel in den eigenen vier Wänden

Die obigen Vorschläge für Regenwettertouren (s. S. 69ff.) wollen dazu ermutigen, sich nicht allzu sehr vom Wetter beeinträchtigen zu lassen. Nicht jeder Tag, der durch die Fensterscheiben betrachtet trüb und abweisend aussieht, ist wirklich so schlimm. Oft lässt sich selbst einem grauen und feuchten Tag die ein oder andere schöne Stunde im Freien abtrotzen. Aber wenn es nun tagelang dauerregnet? Wenn selbst der Hund keine Lust mehr hat, vor die Tür zu gehen? Wenn Erkältungen einen im Haus halten? Nun, all das ändert nichts daran, dass wir Hundebesitzer »mal raus« müssen.

Es gibt Tage, da halten auch die wetterfestesten Menschen die Zeit im Freien lieber kurz oder schicken den Hund einfach in den Garten. Das heißt jedoch nicht, dass an solchen Tagen nicht auch schöne Hundeaktivitäten möglich sind. Nutzen Sie doch die Gelegenheit und bringen Sie Ihrer Fellnase ein paar neue Tricks bei; das hält das Tier bei Laune und geht auch auf der Terrasse, dem Balkon oder sogar in der Wohnung.

Futtersuche

Zugegeben, mit Dosenfleisch ist dieses kleine Spielchen nicht zu empfehlen, aber verstecken Sie doch mal die Trockenfutterration Ihres Hundes an verschiedenen Orten im Haus oder auf der Terrasse. Das kann schon deshalb eine gute Idee sein, weil das Tier dann ein paar Minuten beschäftigt ist, anstatt alles innerhalb von wenigen Sekunden in sich hineinzuschlingen. Natürlich gibt es auch Spielzeug zu kaufen, das den gleichen Zweck erfüllt, aber das ist oft teuer und, wenn der Hund es nicht nutzt, eine jener Anschaffungen, die möglicherweise nach dem ersten Versuch nur noch Staub fangen.

Es geht auch so: Nach und nach verschwindet Achilles' Futterration unter umgedrehten Pflanzkübeln, im Schuhschrank, der nicht ganz zugemacht wird, hinter Möbeln oder in einem alten Pappkarton. Der Hund schnuppert sich dann motiviert durch die Wohnung und über die Terrasse, bis er auch das letzte Versteck gefunden hat. Der Fantasie sind hier keine Grenzen gesetzt, allerdings empfiehlt es sich, je nach Hundegröße und Gefräßigkeit bestimmte Vorsichtsmaßnahmen zu ergreifen. Ich achte zum Beispiel darauf, dass die Verstecke in Bodennähe bleiben und Schubladen ebenso wie der gesamte Küchenbereich ausgespart sind. Ein Hund, der es schon einmal geschafft hat, ein verschlossenes Nutellaglas von der Theke zu erbeuten und zu öffnen, braucht meiner Meinung nach wirklich nicht zu lernen, wie er Vorratsschubladen aufbekommt.

Einparken

Nehmen Sie ein paar Leckerlis zur Hand und stellen sich breitbeinig hin. Und jetzt bringen Sie Ihren Hund, der Sie (oder das Futter in Ihrer Hand) wahrscheinlich sehnsüchtig ansieht, dazu, sich umzudrehen und von Ihnen wegzuschauen. Das funktioniert meist, indem man das Futter in einem Halbkreis von sich weg nach vorne bewegt. Jetzt geben Sie das Kommando »Einparken« und lassen den Hund rückwärts durch Ihre

Beine laufen – die Hand mit dem Futter bewegen Sie dazu langsam genug auf sich zu, dass der Vierbeiner, anstatt sich umzudrehen, lieber rückwärts geht. Dann folgt das Kommando »Platz«, gegebenenfalls dadurch unterstützt, dass man die Futterhand langsam nach hinten unten bewegt – und schon ist der Hund »eingeparkt« und darf sich über eine entsprechende Belohnung freuen.

Slalom

Auf dem Hundeplatz und beim Agility braucht es für diese Übung eine Reihe von biegsamen Stäben, aber an einem Regentag zu Hause tut es eine Reihe Blumentöpfe genauso. Manche Hunde lernen diese Aufgabe besser, wenn sie zunächst angeleint sind, andere tun sich frei tatsächlich leichter – einfach ausprobieren! Auch hier ist es am einfachsten, wenn man den Hund dazu bringen kann, mit dem Futter mitzugehen (auch ein Spielzeug wäre denkbar, aber nur, wenn der Spieltrieb nicht so stark ist, dass er jede Konzentration auf die Aufgabe unmöglich macht). Am Anfang stellen Sie sich neben den Hund und fordern ihn auf, neben Ihnen herzulaufen, während Sie im Slalom durch den »Parcours« gehen. Wenn der Vierbeiner das oft genug gemacht hat, kann er auch lernen, ohne Herrchen oder Frauchen im Slalom zu laufen, gegebenenfalls mithilfe von Handzeichen.

Eine weniger elegante, aber sehr lustige Variante ist der »Slalom durch die Beine«. Auch das geht mit einem Lockgegenstand oder Futter am besten, den man in einer Achterbewegung durch die eigenen Beine führt, damit der Hund hinterherläuft. Später kann man die

Und am Ende des Regens reitet der Hund in den goldenen Sonnenuntergang.

Hand dann immer weniger nah an der Hundeschnauze führen und irgendwann ganz weglassen, wenn das Tier erst einmal gelernt hat, was es tun soll.

Sprung durch die Arme

Nein, Achilles und ich haben diesen Trick aus offensichtlichen Gründen noch nie ausprobiert. Aber mit einem kleineren Hund ist es eine charmante Aufgabe, für die man sich allerdings anfangs am besten einen Helfer sucht. Dann kniet sich der Hundebesitzer hin und formt über dem Oberschenkel mit seinen Armen einen Kreis. Der Helfer führt die Hundeleine durch den Kreis und zieht bei dem Kommando »Spring« leicht daran, damit das Tier weiß, wo es hingeht. Die Höhe des Sprungkreises lässt sich dann später je nach Sprungkraft des Hundes anpassen.

Sigrun Arenz

Aus dem Hunde(halter)leben

Sonntagsspaziergang im Regen

Das Geräusch, das mir beim Aufwachen langsam ins Bewusstsein dringt, macht mich nicht glücklich. Es ist das Geräusch starken, lang anhaltenden Regens, der monoton und gleichmäßig durch einen grauen Sonntagmorgen fällt … und fällt … und fällt.

Jeder Hundebesitzer wird zugeben, dass einer der Vorteile eines Hundes darin liegt, dass man gezwungen ist, bei jedem Wetter mit ihm rauszugehen. Jeder Hundebesitzer wird zugeben, dass einer der Nachteile eines Hundes darin liegt, dass man gezwungen ist, bei jedem Wetter mit ihm rauszugehen.

Es ist nicht richtig hell draußen; die Welt, die ich durch die Scheiben und durch den Regenschleier hindurch sehe, ist grau, abweisend und deprimierend. Der Regen flüstert Dinge wie: »Bleib einfach den ganzen Tag drinnen. Geh wieder ins Bett. Nimm ein Bad. Trink Tee. Schau Netflix-Serien, bis deine Augen zufallen. Iss eine ganze Tüte Chips. Zünde Kerzen an. Leg dich aufs Sofa und lies einen Fünfhundert-Seiten-Wälzer an einem Tag durch, mit nichts anderem als Klopausen. Mach alles, was du willst, aber denk nicht mal dran, die Haustür zu öffnen – außer vielleicht, um den Pizzaboten zu bezahlen.« Das sagt der Regen.

Der Hund sagt: »Was ist jetzt mit meinem Spaziergang?«

Ich wäge meine Optionen ab.

Manche Leute haben Hunde, die lieber zehn Stunden lang die Beine zusammenkneifen, als im Regen spazieren gehen zu müssen. Zu sagen, dass Achilles nicht zu denen gehört, wäre eine Untertreibung.

Manche Leute haben ein Haus und schummeln an einem Regentag einfach, indem sie ihren Hund alleine in den Garten schicken. Ich habe eine Stadtwohnung im ersten Stock.

»Okay, aber wir gehen heute nur ganz kurz«, seufze ich schließlich. Ziehe meine Regenjacke an. Hole meine Gummistiefel hervor. Lege Achilles' Handtuch bereit, mit dem ich ihn später abtrocknen werde. Setze eine Mütze auf. Suche ein Paar Handschuhe, weil Oktober ist und der Wind ganz schön kalt sein kann. Seufze noch einmal.

Die ersten fünf Minuten sind scheußlich. Der Regen pladdert auf den Asphalt, Rinnsale tropfen von den Vordächern der Geschäfte, alles ist nass und grau und farblos.

Als wir den Wiesengrund erreichen, merke ich langsam, dass der Himmel weniger dunkel ist, als er durch die Scheiben meines Schlafzimmers ausgesehen hat. Das Laub ist gelb, auch das Grün des Grases wirkt gelb und in der sonstigen Farblosigkeit der Umgebung ungewohnt intensiv. Meine Gummistiefel quatschen durch Rinnsale und Pfützen. Je länger wir unterwegs sind, umso weniger stört mich der Regen. Im Gegenteil, warm eingepackt, wie ich bin, macht es Spaß, durchs nasse Gras zu streifen. Es sind keine Radfahrer unterwegs, kaum Jogger und erheblich weniger Hundebesitzer als sonst. An einem Regentag wie diesem scheint der Mensch seinen Besitzanspruch auf die Welt aufzugeben, um sich in seine Höhlen zurückzuziehen. Die Welt ist ruhig und grau-gelb und gehört sich selbst. Der Regen fällt und fällt und fällt, klopft auf die Kapuze meiner Regenjacke, rinnt an ihren Ärmeln hinunter, sammelt sich in Achilles' blondem Fell. Der schüttelt sich gelegentlich, und dann wirft er sich ins Gras, als ob er noch nicht nass genug sei. Sieht mich aus wahnsinnigen Augen an und rast dann siebenmal um mich herum, so sehr begeistert ihn der Regentag. Mein kurzer Spaziergang wird zu einer langen Runde durch eine verwaschene, verlassene Welt. Es stimmt, denke ich mir, als ich nach Hause komme: Niemand geht gerne in den Regen raus.

Aber ein Hund kann einem durchaus beibringen, im Regen gerne draußen zu sein. Und die Sache mit dem Tee und dem langen, dicken Buch oder der Netflix-Serie macht danach doppelt so viel Spaß.

Sigrun Arenz

Rund ums Deckersberger Oberbecken

Spaziergang zu Arzbergturm und Jungfernsprung

Warum wir die Tour lieben:

Der gemütliche Spaziergang durch Wald und Flur führt rund um das Oberbecken des Happurger Stausees am Deckersberg. Mit Ausnahme des steilen Anstiegs zum Arzbergturm (Umgehung möglich) ist die Tour für jedermann leicht zu bewältigen. Auf halbem Weg lädt eine Waldgaststätte mit Biergarten und Spielplatz zur Rast ein. Der anschließende Ausflug zum »Jungfernsprung« bietet einen außergewöhnlichen Blick auf die gegenüberliegende Houbirg und Happurg mit Stausee unten im Tal.

Was für den Hund drin ist:

Eine schöne Alternative zur alltäglichen Gassirunde im Park ist diese Kurzwanderung in freier Natur. Eine Sommertour, die uns über zahlreiche schattige Waldwege lotst und Hunden viel Abwechslung bietet. Das hügelige Waldgebiet lädt Spürnasen zum Entdecken ein, große sonnige Wiesenflächen bieten freien Auslauf und sogar kletterfreudige Vierbeiner kommen auf ihre Kosten. Anschließend empfiehlt sich ein Abstecher an den unten im Tal gelegenen Happurger Stausee, wo Hunde auch ins Wasser dürfen.

Eckdaten:

- Für die Anfahrt mit dem Pkw auf A 9 Ausfahrt »Lauf Nord und Hersbruck« nehmen. Auf der B 14 durchfahren bis Ausfahrt Happurg. Dann weiter auf der Staatsstraße 2236 Richtung Alfeld und nach rechts abbiegen auf die Bergstraße Richtung Deckersberg. Ziel ist das Oberbecken des Stausees. Parken am Wanderparkplatz am Oberbecken. Hier gibt es auch einen Hundetüten-Spender und mehrere Mülleimer, um gesammelte Hinterlassenschaften zu entsorgen.

- Mit der Bahn Anreise mit S1 von Nürnberg Hbf. kommend in Richtung Hartmannshof. Direkter Haltepunkt ist der Bahnhof Happurg. Ab hier geht es zu Fuß weiter. Die Markierung »Grünkreuz« führt auf etwa zwei Kilometern hinauf zum Deckersberg. Der Anstieg ist sehr steil und dauert je nach Kondition bis zu 40 Minuten zusätzlich.
- Länge der Tour 7–8 km, reine Gehzeit etwa 2 Std.
- Markierungen: »Blaupunkt« (Blauer Punkt auf weißem Grund), »Grünkreuz« (Grünes Kreuz auf weißem Grund), »5« (Ziffer 5 auf grünem Grund), »Frankenalb-Panoramaweg« (Roter Strich auf gelbem Grund). Für den Exkurs zum Arzbergturm kommt »Rotkreuz« (Rotes Kreuz auf weißem Grund) hinzu.
- Die Tour führt überwiegend durch den Wald, vereinzelt geht es aber auch über schattenlose Felder und Straßen. In der Dämmerung können Rotwild und Kaninchen unterwegs sein, jagdfreudige Hunde müssen dann an die Leine. Da es unterwegs keine natürlichen Wasserstellen gibt, sollte Wasser mitgeführt werden. Gelegenheiten, Behältnisse aufzufüllen, bieten sich an der Edelweißhütte. Dort gibt es aber auch Wasserschalen für Hunde. In Deckersberg gilt Leinenpflicht! Es empfiehlt sich jedoch ohnehin, vierbeinige Freunde kurz zu halten, wenn anschließend die Landstraße zwischen Happurg und Deckersberg überquert werden muss. Hier sind v. a. Motorradfahrer mit hohen Geschwindigkeiten unterwegs. Am Jungfernsprung fällt der Berg steil ab, Mensch und Tier sollten achtsam sein.

Und jetzt geht's los!

Ausgangspunkt für unsere Tour ist der sogenannte **Wanderparkplatz am Oberbecken**. Die künstliche Bodensenke ist Teil des Pumpspeicherwerks **Happurg**. Das ambitionierte Vorhaben für eine ressourcenschonende Energiegewinnung stammt bereits aus den 1950er-Jahren. Über Jahre wurde vom 55 Hektar großen Stausee im Tal Wasser in diesen künstlich angelegten See nach oben gepumpt und bei Strombedarf wieder abgelassen. Dann stürzten bis zu 90 Kubikmeter Wasser pro Sekunde durch beinahe vier Meter breite Rohre auf die Turbinen im Tal. Seit dem Jahr 2011 ist das 1,8 Millionen Kubikmeter fassende Oberbecken am Deckersberg aber leer. Unkalkulierbare Schadstellen in der Beckensohle machten diesen Schritt notwendig. Eine Sanierung durch den Betreiber E.on scheint auch in den nächsten Jahren nicht in Sicht. Und so hat sich das Oberbecken inzwischen zu einem kleinen Biotop entwickelt und darüber hinaus zu einem beliebten Ziel für Spaziergänger, Ausflügler und Freizeitsportler aus der Region.

Nachdem wir unser Fahrzeug geparkt haben, lassen wir das Oberbecken aber zunächst noch links liegen. Wir werden zum Ende der Tour noch einen genauen Blick auf den Damm werfen. Stattdessen überqueren wir die Straße Happurg–Deckersberg, auf der wir gerade gekommen sind, und treten mit den **Markierungen »Blaupunkt« und »Grünkreuz«** in den lichten Laubwald ein. Nach einer kurzen Anhöhe führt der Weg abschüssig direkt wieder aus dem Wald hinaus und durch die Felder. Mit dem nächsten Waldstück biegen wir nach links in einen breiteren Schotterweg ein und folgen dem forstwirtschaftlichen Pfad bis zur nächsten Ackerlichtung. An der folgenden T-Kreuzung biegen wir nach rechts ab und laufen beim kurz darauf folgenden Waldeck nach links und am Waldrand entlang.

Am Ende des Ackers zeigt uns eine ausführliche Wandertafel nun unsere Möglichkeiten auf: Zwei Wege führen von hier zur **Edelweißhütte**. Wählen wir die Abzweigung nach links, wandern wir mit »Blaupunkt« bequem und ohne größere Herausforderungen auf dem Forstweg weiter, bis wir schließlich nach etwa zwei Kilometern die Waldgaststätte erreichen.

Ein dunkles Geheimnis: Auf dem Grund des Happurger Stausees stehen noch die Überreste des zum Hersbrucker KZ gehörenden Krematoriums.

Entscheiden wir uns für den Weg geradeaus mit der Ziffer »5« auf grünem Grund und dem »Rotkreuz«, laufen wir bergauf dem Arzbergturm entgegen, der sich durch die Bäume bereits erahnen lässt. Der Anstieg wird hier zunehmend steiler. Kein Wunder, mit seinen 612 Metern zählt der **Arzberg** schließlich zu den höchsten Erhebungen der Region. Wurzelwerk und Kalksteine können vor allem auf dem letzten Abschnitt zur Herausforderung werden. Festes Schuhwerk hilft bei der Trittsicherheit. Auf dem Bergrücken angekommen, erhebt sich direkt über uns der imposante Wächter der Hersbrucker Schweiz, der 25 Meter hohe **Arzbergturm**. An Samstagen, wenn der Turmwächter Dienst tut, weht von der Turmspitze eine weiß-rote Fahne. An allen anderen Tagen müssen sich Wanderer und Ausflügler den Schlüssel zur Aussichtsplattform in der *Edelweißhütte* abholen. Für Hunde ist der Aufstieg zur Turmspitze über 117 Treppenstufen wohl eher weniger geeignet. Wer die Kondition dafür hat, den erwartet ein atemberaubender Ausblick. Alle anderen können so lange auf Holzbänken vor dem Turm rasten.

Danach geht es, den Turm im Rücken, weiter auf einem gut geschotterten Weg, der uns rasch abwärts und nach etwa 800 Metern zurück auf den mit dem »Blaupunkt« markierten Pfad zur **Edelweißhütte** führt. Die Waldgaststätte mit etwa fünfzig Sitzplätzen im Gastraum und noch mal doppelt so vielen im Biergarten auf der Sonnenterasse bietet gutbürgerliche, überwiegend fränkische Küche an. Für Hunde stehen Wasserschüsseln bereit. Kinder können sich auf dem angrenzenden Spielplatz austoben.

Gut gestärkt setzen wir unsere Tour fort. Wir verlassen die *Edelweißhütte*, vorbei am dazugehörigen Parkplatz, auf der Straße Richtung **Deckersberg**. Kurz bevor wir das Dorf erreichen, sollten Hunde in jedem Fall angeleint werden, denn hier herrscht Leinenpflicht. Am Ortsanfang gesellt

Blick auf Deckersberg mit der Linde am Hochspeicher

sich die **Markierung »Grünkreuz«** vom Oberbecken zu uns und führt uns zur Ortsmitte. Wir halten uns dann aber links und folgen der Straße bergauf, die uns wieder aus der Ortschaft Deckersberg hinausführt. Hier überqueren wir erneut die Straße Happurg–Deckersberg und folgen ohne Markierung dem geschotterten Weg durch die Felder weiter in Richtung Waldrand.

Bei Eintritt in den Forst wählen wir den rechten der beiden Fußpfade. Nach etwa 200 Metern macht der Weg eine Linksbiegung und führt uns nach weiteren 100 Metern auf die **Markierung »Blaupunkt«**, der wir nach rechts folgen. Wenig später kommt von unten die neue Markierung »Frankenalb-Panoramaweg« (Roter Strich auf gelbem Grund) hinzu, die uns rechter Hand nach etwa hundert Metern zum Jungfernsprung geleitet. Der Aussichtspunkt selbst ist leider nicht deutlich ausgewiesen. Das Ziel ist erreicht, wenn wir rechter Hand einen Baumstamm mit der Markierung »Frankenalb-Panoramaweg« und einem schwarzen Hinweisschild auf »Nordic Walking« erreicht haben. Auf der linken Seite befinden sich am Boden auffällig viele Kalksteinscherben, die wir überqueren, um den Pfad hinaus zum **Jungfernsprung** zu nehmen.

Die Legende besagt, dass sich dort im Dreißigjährigen Krieg ein junges Mädchen auf der Flucht vor den Soldaten von der Felskanzel in die Tiefe gestürzt haben soll. Auf wundersame Weise soll sie aber von einer Baumkrone aufgefangen worden sein, während der Vater oben die grausamen Kriegsknechte erschlug. Nach dieser Geschichte ist die versteckte Felsenkanzel benannt, die uns einen exklusiven Blick auf Kainsbach, Happurg und den idyllisch gelegenen Stausee sowie auf die gegenüberliegende Houbirg bietet.

Nachdem wir die Aussicht genossen haben, gehen wir auf bekanntem Wege zurück zu der Stelle, wo wir erstmals wieder auf die Markierung »Blaupunkt« getroffen sind. Diesmal folgen wir ihr nach rechts, bis uns der Weg aus

Bobby liebt Waldtouren zu jeder Jahreszeit, auch bei Schnee ist diese hier reizvoll.

dem Wald hinaus und bis vor den Damm des Oberbeckens führt. Von hier aus leiten eigentlich alle Wege zurück zum Parkplatz. Über eine wild bewachsene Treppe gelangen wir direkt auf den Damm und können uns das **Oberbecken** aus nächster Nähe ansehen. Ein asphaltierter Rundweg, der nach beiden Seiten beschritten werden kann, führt auf der gegenüberliegenden Seite über einen Abhang zum Parkplatz hinunter. Rechts herum geht es an der Schleuse vorbei, und die Strecke ist ein wenig länger. Und auch wenn wir den geschotterten Weg unterhalb des Damms wählen, ist der Weg rechts herum ein gutes Stück länger. Welche Route wir auch wählen, nach spätestens zwanzig Minuten sind wir wieder am Parkplatz und damit am Ausgangspunkt unserer Tour angekommen. Über die Bergstraße gelangen wir mit dem Auto rasch hinunter zum **Happurger Stausee**, wo sich erschöpfte Hunde jetzt vielleicht über ein kurzes Bad (s. S. 110ff.) freuen und ihre Besitzer sich noch eine Tasse Kaffee auf den *Seeterrassen* schmecken lassen können.

Anna Schwarm

Meine persönlichen Einkehrtipps:

Edelweißhütte, Deckersberg 34, 91230 Happurg
Tel. 0 91 51/8 39 88 04, www.gaststaette-edelweisshuette.de
Mi–So 11.00–20.00, durchgehend warme Küche
Mo u. Di Ruhetag
Fränkische Küche und Hausmannskost, großer Biergarten und Spielplatz

Café und Restaurant Seeterrassen
Seepromenade 1, 91230 Happurg
Tel. 0 91 51/81 74 41, www.seeterrassen.com
Sommer (Mai–Sep) tägl. 10.00–22.00
Frühling u. Herbst tägl. 10.00–18.00, Mi zusätzl. bis 22.00
Winter s. Homepage
Fränkische Küche, Hausmannskost, Kuchen und Eis; große Sonnenterrasse zum See mit Spielplatz

Mühle, Burg und Rastwaggon

Rundweg vom Oberen Pegnitztal ins Sittenbachtal und zurück ins Ankatal

Warum wir die Tour lieben:

Die sehr abwechslungsreiche Tour mit leichtem Schwierigkeitsgrad (familientauglich!) führt auf einem Rundweg von Rupprechtstegen durch das malerische Pegnitztal via Treuf zum Rand des Sittenbachtales und über Raitenberg und ein Teilstück des Ankatales zurück nach Rupprechtstegen. Unterwegs bietet sich die Gelegenheit, einen kleinen Wasserfall unweit der Harnbacher Mühle zu besuchen und die außergewöhnliche Burg Hohenstein zu besichtigen.

Was für den Hund drin ist:

Vierbeinige Gefährten kommen voll auf ihre Kosten: Wald und offene Flur im Wechsel, romantische Bachläufe und interessante Felsformationen säumen diesen abwechslungsreichen Rundweg. So bekommen Hunde nicht nur Auslauf und Abkühlung geboten, sondern werden beim Klettern und Erkunden obendrein herausgefordert. Die Tour lohnt sich zu jeder Jahreszeit, ist aber vor allem im Frühjahr und Sommer zu empfehlen.

Eckdaten:

- Anfahrt mit dem Pkw über A 9 und die Ausfahrt »Lauf Nord und Hersbruck« nehmen. Dann auf B 14 durchfahren bis Hohenstadt und weiter mit der Staatsstraße Richtung Velden. Oder direkt über A 9, Ausfahrt »Hormersdorf« wählen und weiter bis Rupprechtstegen. Parken am Bahnhof rund um die Gaststätte Rastwaggon oberhalb des Spielplatzes (unbefestigter Schotter-Parkplatz am südlichen Ortseingang). Alternativ besteht für Autofahrer die Möglichkeit, direkt am Eingang zum Ankatal (nördliches Ortsende Rupprechtstegen) zu parken und die Tour »rückwärts« zu laufen.
- Anreise mit Regionalbahn R3 von Nürnberg Hbf. kommend

in Richtung Neuhaus. Direkter Haltepunkt ist Bahnhof Rupprechtstegen.

- Unterkunft langfristig an der Harnbacher Mühle (Mühlenkraft e. V.)
- Länge etwa 12,5 km, reine Gehzeit ca. 4 Std.
- Markierungen: »Rotkreuz« (Rotes Kreuz auf weißem Grund), »Paul-Pfinzing-Weg« (PP auf gelbem Grund) bis Hohenstein, anschließend auf dem »Alb-Quer-Weg« (Rotes Andreaskreuz auf weißem Grund) und dem »Heiner-Treuheit-Weg« (Bergwachtzeichen) zurück nach Rupprechtstegen.
- Auf dem ersten Teil der Wanderung sorgt der Harnbach unterwegs für Abkühlung. Für den zweiten Teil ab Treuf sollte für Hunde je nach Wetterlage aber Wasser mitgeführt werden. In den Dörfern Treuf und Raitenberg gilt zwar keine offizielle Leinenpflicht, dennoch ist es ratsam, Vierbeiner beim Durchschreiten an die Leine zu nehmen, da die meisten Bauernhöfe Hunde halten, die die Gegend auch als ihr Revier betrachten. Besonders im Teilstück hinter der Harnbacher Mühle und durch das Ankatal besteht bei Dämmerung die Möglichkeit, auf Rotwild oder Kaninchen zu treffen. Jagdfreudige Hunde gehören in diesem Fall ebenfalls an die Leine.

Und jetzt geht's los!

Ausgangspunkt unserer Tour ist der kleine Bahnhof am südlichen Ortseingang von **Rupprechtstegen**. Hier begrüßt uns der sogenannte **Rastwaggon**, ein pittoreskes »Wirtshaus auf Rädern«, das der Gemeinde Hartenstein seit dem Jahr 2008 als originellstes Ausflugslokal im Oberen Pegnitztal dient. Das ausrangierte und liebevoll umgebaute Zugabteil stammt aus den Dreißigerjahren des letzten Jahrhunderts und war noch bis in die Siebzigerjahre aktiv im Schieneneinsatz. An das stillgelegte Eisenbahnabteil mit etwa fünfzig Sitzplätzen grenzt ein sechs mal sechs Meter großes

Gebäude mit Satteldach an, in dem die Küche und der Ausschank für den dazugehörigen Biergarten untergebracht sind. Die derzeitigen Pächter, selbst Hundebesitzer, bieten griechische Küche sowie Kaffee und Kuchen. Fellfreunde sind natürlich willkommen.

Vom Schotterparkplatz gehen wir hinter dem *Rastwaggon* den Hügel abwärts in Richtung Spielplatz und Staatsstraße 2162. Anschließend wählen wir unseren Weg rechter Hand über die Brücke und queren die Straße unmittelbar danach, dort wo auf der gegenüberliegenden Seite ein Wegweiser auf das unweit gelegene Seniorenheim zeigt. Wir folgen dem Wegweiser und setzen unseren Weg mit dem **Rotkreuz** und **Paul-Pfinzing-Weg** (PP auf gelbem Grund) also in der Richtung fort, aus der wir zuvor gekommen sind. Dabei laufen wir einer markanten Steinformation entgegen, die zum örtlichen Steinbruch, dem **Dolomitwerk**, gehört.

Flankiert von Obstbäumen und Wiesen passieren wir auf asphaltiertem Wege die Seniorenresidenz und können nun in gut 500 Metern Entfernung bereits die stattlichen Gebäude einer alten Mühle erahnen. Das Tal öffnet sich, während die Pegnitz einen langgezogenen Linksbogen macht. Auf dem Scheitelpunkt der Biegung liegt die **Harnbacher Mühle**. Ihr Mühlrad ist zwar erhalten, doch steht es schon viele Jahre still. Dennoch herrscht viel Leben in dem weitläufigen Anwesen: Bauwagen, Zelte, runde Holzhäuschen und eine Feuerstelle gruppieren sich um eine aufwendig sanierte Scheune. Hier residiert der *Mühlenkraft e. V.* mit seinen zahlreichen ehrenamtlichen Unterstützern. Die Vision: Eines Tages soll sich hier wieder ein Mühlrad drehen und Strom erzeugen. Seit über zehn Jahren legen sich die Macher dafür ins Zeug, dass auf dem Anwesen ein inklusives Freizeitzentrum für Familien, Kinder und Jugendliche entstehen kann. Alljährlich gibt es eine Sommerbaustelle für reisende Handwerker. So konnte nicht nur

Letzter Zeitzeuge der alten Harnbacher Mühle: Der Mühlenkraft e. V. macht sich dafür stark, dass sich hier langfristig wieder ein Mühlrad dreht.

die Infrastruktur rund um den Platz mit Brücken und Wegen ausgebaut, sondern auch die Scheune wiederaufgebaut werden. Zuletzt entstanden barrierefreie Bauwagen, die künftig für Übernachtungen genutzt werden sollen. In Planung sind zudem ein Zeltwiesenhaus als Aufenthaltsraum mit geschützter Kochstelle, ein Badehaus und Baumhäuser. Das Programm entsteht in Kooperation mit der Rummelsberger Diakonie, *Grünspecht e. V.* und der *Outdoorschule Süd e. V.* Das alljährliche Mühlenfest am 1. Mai ist die beste Gelegenheit, um die Arbeit des *Mühlenkraft e. V.* näher kennenzulernen.

Wanderer profitieren besonders vom Ausbau des Wegenetzes unmittelbar hinter der Mühle auf dem Weg zum nahegelegenen **Wasserfall** und der **Griesmühle**. Wir überqueren den Platz vor der Scheune und folgen dem fröhlich-bunten Holzschild »Zum Wasserfall«, wobei wir auch das alte Mühlrad passieren. Der Pfad schlängelt sich leicht bergauf, mehrmals queren wir den uns begleitenden Lauf des Harnbaches mithilfe von sorgsam angelegten Stegen und Trittbrettern. Nach wie vor folgen wir den Markierungen **Rotkreuz** und **Paul-Pfinzing-Weg**. Nach etwa 400 Metern gelangen wir an einen Rastplatz mit Tisch und Bänken. Der Wasserfall befindet sich sichtbar auf der rechten Seite. Wir passieren eine weitere Holzbrücke und gelangen über Wurzeln und Trittsteine aus Kalk näher an das reizende Naturschauspiel heran. Eine vor Ort angebrachte Schautafel erklärt alles Wissenswerte zum Phänomen der Kalktuffquelle.

Nach einer kurzen Rast am Wasserfall lassen wir die *Harnbacher Mühle* hinter uns und setzen unseren Weg in Richtung **Griesmühle** fort. Schon nach wenigen Minuten erahnen wir durch die Bäume die Fachwerkgebäude des heute überwiegend verlassenen Weilers. Der Einödhof mit drei Gebäuden wurde bereits 976 erstmals erwähnt. Auch hier

Kleine Verschnaufpause: Bob rastet vor dem Aufstieg zu Burg Hohenstein.

begleitet uns noch der gurgelnde Harnbach. In westlicher Richtung erkennen wir den »Mittelberg« und im Süden die sogenannte Erhebung »Auf der Heide«. Von hier aus geht es nun kontinuierlich auf breitem Waldwege mit sonnigen und schattigen Episoden und sanfter Steigung der nächsten Ortschaft Treuf entgegen. Der Bach folgt uns noch den größten Teil der Strecke.

Kurz vor dem Dorfeingang von **Treuf** passieren wir dann rechter Hand einige Abwasserteiche der Gemeinde Kirchensittenbach. Hier empfiehlt es sich auf jeden Fall, Hunde kurzzeitig an die Leine zu nehmen, wie in den Dörfern auf unserer Route insgesamt, denn dort sind auf einigen Höfen Hunde zu Hause, deren Revier man respektieren sollte. Treuf bietet zwei Einkehrmöglichkeiten: Nachdem wir den Wald und einen großen Bauernhof hinter uns gelassen haben, laufen wir geradewegs auf das *Gasthaus Morner* zu. Ein klassisches fränkisches Wirtshaus mit kleinem Biergarten vor dem Haus, das neben Braten und Pfannengerichten auch Bratwürste und Brotzeitteller anbietet. Ebenfalls sehr empfehlenswert sind die hausgemachten Kuchen. Wir folgen der Hauptstraße mit dem Rotkreuz und dem Paul-Pfinzing-Weg weiter in Richtung Hohenstein und kommen dabei an *Brauns Hofcafé* vorbei. Hier stehen neben Brotzeit und Kuchen auch fränkische Brotkuchen, Flammkuchen und Pizza aus dem Holzofen auf der Speisekarte.

Frisch gestärkt lassen wir Treuf hinter uns und machen uns auf den Weg zum Fuße der Burg Hohenstein. Hierfür müssen wir zunächst ein Stück mithilfe der Landstraße überbrücken, ehe wir rechter Hand und mithilfe der Markierungen Rotkreuz und Paul-Pfinzing-Weg wieder auf einen breit geschotterten Flurweg einbiegen. Nach einer kurzen Steigung folgt ein gemütliches Wegstück, von Wiese und Wald gesäumt, das vierbeinigen Freunden eine lange, gut einsehbare Auslaufstrecke bietet. Nach kurzer Zeit können wir am Horizont bereits die majestätische Silhouette von **Burg Hohenstein** erkennen. Wir nähern uns der Burg von ihrer Rückseite, indem wir den geschotterten Weg nun hinter uns lassen und nach der Überquerung der Landstraße erneut mit dem Rotkreuz und Paul-Pfinzing-Weg die asphaltierte Dorfstraße nach **Hohenstein** hinaufsteigen.

Es besteht nun die Möglichkeit, geradewegs in den Ortskern zu laufen, um die Tour mit einem Besuch auf der geschichtsträchtigen Burg Hohenstein oder im beliebten *Windbeutel-Café* direkt zu ihren Füßen zu unterbrechen. Die markante Silhouette von Burg Hohenstein zählt zweifellos zu den herausragenden Wahrzeichen der Hersbrucker Schweiz. Gelegen auf 634 Metern, gilt die Veste als der höchste bewohnte Punkt Mittelfrankens. Wer das atemberaubende Panorama genießen möchte, muss allerdings ein wenig Kondition mitbringen. Und auch für Hunde kann der Aufstieg über rund 150 Stufen mitunter eine Herausforderung sein. Die Mitnahme vierbeiniger Gefährten wird vom *Verschönerungsverein Hohenstein* aber gestattet. Sofern es die Witterung zulässt, kann die Burg zwischen März und November besichtigt werden. Reguläre Öffnungszeiten sind Sonn- und Feiertage zwischen 11 und 17 Uhr. Jeweils mittwochs und samstags kann der Schlüssel beim 1. Vorsitzenden des Vereins (Hr. Maul) in Hohenstein Nr. 36 (unterhalb vom Wanderheim) abgeholt werden. Der Eintritt für Erwachsene beträgt zwei Euro, für Kinder einen Euro. Um sich nach dem Aufstieg zur Burg Hohenstein eine kleine Belohnung zu genehmigen, ist der *Hohensteiner Hof* genau der richtige Ort. Das *Windbeutel-Café* der Familie Eckert ist bis weit über die Grenzen der Hersbrucker Alb bekannt. Auf der Sonnenterrasse mit Blick auf die Burg kann man sich die »Brandteigkrapferl« in allen nur erdenklichen Variationen schmecken lassen.

Nach diesem historischen wie kulinarischen Exkurs setzen wir unsere Wanderung auf dem **Alb-Quer-Weg** (Rotes Andreaskreuz auf weißem Grund) und dem **Heiner-Treuheit-Weg** (Bergwachtzeichen) fort. Hierzu kehren wir auf die Dorfstraße auf der Rückseite der Burg zurück und biegen auf halbem Wege (ca. 100 Meter hinter dem Ortsschild Hohenstein) der Markierung folgend nach links in einen Waldweg ein. An einem Holzplatz führt der Weg kurzzeitig in den Buchenwald hinein. Im Mai blüht hier der Waldmeister. Nach einer kleinen Anhöhe treten wir sogleich wieder aus dem Wald heraus und biegen neben einem kleinen Teich, dem **Hüllweiher**, nach rechts auf den größeren forstwirtschaftlichen Weg ab. Eine umfassende Tafel mit Wegmarkierungen an einer Birke führt uns auf dem geschotterten Weg weiter.

Etwa fünfzig Meter nach dem Hüllweiher müssen wir dann scharf links abbiegen. Anschließend folgen wir dem schmalen Pfad entlang der Landstraße, die wir nach etwa fünfzig Metern überqueren. Auf der gegenüberliegenden Seite treten wir mit den bekannten Zeichen »Alb-Quer-Weg« und dem »Heiner-Treuheit-Weg« sofort wieder in den Wald ein. Nun folgen wir dem breiten Flurweg eine ganze Zeit lang, bis wir ihn kurz vor Kreppling wieder verlassen. Bemooste Kalksteine und beeindruckende Felsformationen durchziehen diesen **Buchenmischwald**, der sich mit Waldwiesen abwechselt. Nach einem kurzen, aber knackigen Anstieg erwartet den Wanderer zu beiden Seiten ein größeres verzweigtes Felsenlabyrinth mit imposanten Steingebilden. Kletterfreudige Hunde können sich hier voll austoben. Danach geht es zunehmend abschüssig voran, teils sogar steil bergab. Rechter Hand sticht ein markanter Fels in Pilzform ins Auge. Etwa 250 Meter weiter ist Achtsamkeit geboten: Hier verlassen wir den breiten Fuhrweg und biegen an einer Kiefer mit Gelbkreuz-Markierung in einer scharfen Rechts-Links-Kehre auf den darunterliegenden schmaleren Waldweg ab, der dann die uns bekannten Markierungen

Frühlingshafter Farbenrausch auf dem letzten Wegstück nach Hohenstein

Das Naturdenkmal Gaiskirche und die Ankatalwand sind bei Kletterern sehr beliebt und markieren den Eingang zum Ankatal.

fortführt. Unmittelbar in der Biegung ist eine große Wandertafel (»Wanderzirkus Frankenalb«) mit sämtlichen weiterführenden Wegen angebracht. Vom oberen Hauptweg aus springt die Tafel leider nicht sofort ins Auge.

Unser Pfad führt nun aus dem Wald hinaus und nach etwa 600 Metern in die Ortschaft **Kreppling**. Das letzte Wegstück verläuft wieder entlang der Landstraße. Wir folgen ihr auf die Dorfstraße bis zur Kreuzung. Dort biegen wir mit unseren Markierungen **Alb-Quer-Weg** und **Heiner-Treuheit-Weg** nach rechts Richtung Rupprechtstegen ab. Kurz vor dem Ortsausgangsschild biegen wir gleich wieder links auf einen geschotterten Feldweg ein. Noch bevor die Äcker beginnen, folgen wir dann dem Schild »Fußweg Richtung Rupprechtstegen« nach rechts auf einen schmalen Pfad entlang des Feldes. Kurz darauf geht es dann wieder auf breitem Schotterweg weiter, der uns nach etwa 150 Metern, auf Höhe eines Strommastes, mit der bekannten Markierung wieder in den Wald hineinführt. Wald und Wiesen wechseln sich ab, während der Weg sanft ansteigt, ehe er weiter abfällt. Der Wald erscheint hier ein wenig dichter als zuvor. Schließlich treten wir wieder aus dem Wald heraus und wandern entlang der Felder und auf einem Stück der Dorfstraße auf **Raitenberg** zu. Zuvor passieren wir linker Hand eine große Halle mit Kuhstall. Wir folgen weiter der Dorfstraße, überqueren an der Kreuzung die Landstraße Rupprechtstegen–Wallsdorf und laufen weiter geradeaus den asphaltierten Weg hinauf, der uns bald wieder aus dem Dorf hinausführt.

Wir folgen nun einem Schotterweg, der von Wiesen und Weiden gesäumt wird. An der nächsten Abzweige wählen wir erneut mit dem Alb-Quer-Weg und dem Heiner-Treuheit-Weg den linken Fußpfad, der uns leicht bergab führt.

Direkt in der Talsohle biegen wir dann nach rechts ab. Eine etwas eingewachsene Markierungstafel an einer großen Fichte weist uns hier den rechten Weg. Achtung, keine hundert Meter weiter biegen wir bereits erneut nach rechts ab: diesmal auf einen Trampelpfad. Der schmale Gang führt uns direkt hinein ins Ankatal. Bei Eintritt in den Wald informiert uns nach kurzer Zeit ein Schild über das **Naturdenkmal Andreas-Kirche**. Die beeindruckende Hallenhöhle oberhalb des Pfades soll frühen Christen als Treffpunkt für ihre geheimen Gottesdienste gedient haben. Der Wald wird nun zunehmend dichter, und der Weg schlängelt sich zwischen großen, bemoosten Felsbrocken durch.

Auf der letzten Etappe durch ein wild zerklüftetes Trockental folgen wir weiterhin dem **Rotkreuz** und zusätzlich dem **Grünstrich auf weißem Grund**. Uralte Bäume, Felsen und Farne schaffen hier eine ganz eigene, beinahe mystische Atmosphäre, die zum Abschluss noch mal ein echtes Highlight der Tour verspricht. Verstärkt wird dieses Gefühl noch, wenn man die Tour bei Herbstnebel unternimmt. Der zunehmend abschüssige Pfad mündet schließlich nach rechts in einen größeren Wanderweg. Von hier aus geht es immer weiter geradeaus und mit einer deutlichen Tendenz abwärts auf den Ausgang des Ankatals zu. Imposante, überwucherte Felswände und die bei Kletterern sehr beliebte »Ankatalwand« mit der »Gaiskirche« obenauf verabschieden uns.

Nun treten wir aus dem Schatten der Felsen und Bäume und lassen das Ankatal hinter uns zurück. Gleich danach überqueren wir die Staatsstraße 2162 zum zweiten Male und auch den gegenüber gelegenen Parkplatz. Dahinter führt ein hölzerner Steg über die Pegnitz. Anschließend biegen wir sofort rechts auf einen idyllischen Kiesweg ab, der uns entlang des Flusses auf direktem Wege zurück zum **Rastwaggon** am Bahnhof **Rupprechtstegen** führt – unserem Ausgangspunkt.

Anna Schwarm

Meine persönlichen Einkehrtipps:

Gasthaus Morner, Treuf 12, 91241 Kirchensittenbach
Tel. 0 91 52/5 83 74 72
Sa, So u. Fei durchgehend warme Küche, Mo–Fr Ruhetag
Fränkische Küche und Pfannengerichte, hausgemachte Kuchen, kleiner Biergarten vor dem Haus

Brauns Hofcafé, Treuf 4, 91241 Kirchensittenbach
Tel. 01 70/2 69 63 51
Fr 17.00–22.00, Sa, So u. Fei 12.00–22.00 warme Küche
Mo–Do Ruhetag
Flammkuchen und Pizza aus dem Holzofen, Hausmannskost, Brotzeit, großer Biergarten

Hohensteiner Hof – Windbeutel-Café
Hohenstein 43, 91241 Kirchensittenbach
Tel. 0 91 52/5 33, www.hohensteinerhof.de
Mi–So 11.00–19.00, Mo u. Di Ruhetag
Windbeutel und Hausmannskost, Brotzeit, große Sonnenterasse

Rastwaggon Rupprechtstegen, Am Bahnhof 3, 91235 Hartenstein
Tel. 01 76/62 51 88 89
Mi–So 11.00–22.00, Mo u. Di Ruhetag
Griechische Küche, Kuchen, großer Biergarten

Nur eine von vielen beeindruckenden Felsformationen im Neuhauser Forst – hier bei der Mysteriengrotte

Höhlen, Felsen und zwei geheimnisvolle Brüder

Auf dem Karstkundlichen Wanderweg bei Neuhaus

Warum wir die Tour lieben:

Weil sie uns ganz weit weg aus dem Alltagsstress in eine märchenhafte Waldwelt mit einsamen Lichtungen, geheimnisvollen Höhlen und beeindruckenden Felsformationen entführt.

Was für den Hund drin ist:

Ein langer, abwechslungsreicher Spaziergang mit tollen Schnuppermöglichkeiten und ganz viel Freiheit. Auch wenn es meist durch den Wald geht, kann ein hinreichend gut erzogener Hund ohne allzu ausgeprägten Stöbertrieb über weite Strecken frei laufen.

Eckdaten:

- Ca. 13 km lange Wanderung, Gehzeit etwa 3,5 Std.
- Rundwanderweg; Ausgangs- und Zielpunkt ist Neuhaus an der Pegnitz; mit dem Auto oder mit der Bahn einfach zu erreichen.
- Manche Anstiege im Wald sind anstrengend, aber halbwegs fitte Zwei- und Vierbeiner schaffen die Wanderung problemlos. Bei nassem Wetter können die Wege rutschig werden, dann ist etwas Vorsicht geboten.

Und jetzt geht's los!

Wir starten in **Neuhaus am Bahnhof**, wo auch reichlich Parkmöglichkeiten vorhanden sind, gehen in Richtung Stadt, überqueren die Brücke über die Pegnitz und biegen rechts auf den Wanderpfad ein, der übrigens schon im Jahr 1936 durch den *Fränkischen Albverein* markiert wurde. Die Markierungen (ein grüner Kreis auf weißem Grund) sind seither glücklicherweise erneuert worden und sehr offensichtlich, sodass man auch ohne Kompass, Karte oder

Wander-App kaum verloren gehen kann. Wir folgen zunächst dem Fluss, kommen dann an einigen Tümpeln vorbei, überqueren die Straße mit dem Wegweiser Richtung **Finstermühle** und wandern nunmehr erst am Waldrand, dann bald im Wald weiter.

Schon bald stoßen wir schon bald links auf eine Markierung zur ersten Sehenswürdigkeit, der **Distlergrotte**, die im Winter verschlossen ist, um die darin hausenden Fledermäuse zu schützen, ab April aber betreten werden darf. Der Weg führt uns von dort teils am Waldrand entlang, dann im Wald talaufwärts bis zur **Mysteriengrotte**. Die Fotos von Achilles' Erkundung der sechzehn Meter langen Höhle zeigen leider nur unheimlich leuchtende Augen im Dunkeln, und das Mysterium der Blutspritzer an der Höhlenwand, die der Grotte ihren Namen gegeben haben, konnten wir auch nicht selbst lösen, aber dafür gibt es Hinweistafeln am Wanderweg, die über die Besonderheiten der Naturdenkmäler aufklären.

Weiter geht es durch den Wald, zur Straße Richtung Krottensee, die wir überqueren, um etwas weiter links wieder auf einem Feldweg in den Wald zu gehen. Das ist die einzige Strecke, bei der man ein bisschen sorgfältiger auf die Markierungen achten muss, da der Weg etliche Wendungen macht. Wir steigen dabei stetig weiter, gelangen schließlich an den Waldrand und werden mit einem herrlichen Panoramablick belohnt. Wir folgen dem Weg bergab zur **Schlieraukapelle**, in der der fromme Wanderer vielleicht ein Ave Maria beten mag. Andernfalls lädt vor der Kapelle eine beschattete Bank zu einer kurzen Rast ein, ehe es wieder einmal aufsteigen heißt.

Wir verlassen nämlich den breiten Feldweg, der von der Kapelle wegführt, sehr bald und steigen rechts über die Wiese nach oben, überqueren die Autostraße, um links davon auf dem Fußweg weiter bergauf zu gehen, dann überqueren wir die Straße erneut und laufen geradeaus weiter auf einen breiten Feldweg, der im Wald bald nach links abzweigt. Nun gelangen wir zur **Maximiliansgrotte**, die ebenfalls erst ab April geöffnet ist und in der von Mittwoch bis Sonntag alle Stunde eine Führung angeboten wird. Achilles und ich verzichten auf den Abstieg über die 245 Stufen und folgen den grünen Wegzeichen weiter durch den Wald, müssen jetzt einen Anstieg schaffen, der uns zur **Weissingkuppe**, dem höchsten Punkt unserer Wanderung, führt. Pilzfelsen, die mächtig auf kleinen »Stielen« ruhen, lassen Mensch und Hund winzig und unbedeutend erscheinen. Die Felsen bilden eine Art Pforte in ein Gewirr von Felsen und Klüften, das wir durchqueren, um dann von den erklommenen 531 Höhenmetern wieder abzusteigen.

Als hätten wir auf dem bisherigen Weg nicht schon mehr Naturdenkmäler gesehen als sonst in einem ganzen Monat, führt uns der markierte Pfad weiter durch den Wald auf eine neue Anhöhe, wo die **Steinerne Stadt** und die **Zwei**

Achilles prüft in Neuhaus an der Pegnitz, ob der Steg auch wirklich trägt.

Mit Hund im Bild wird der Wald doch gleich noch schöner …

Brüder, zwei beeindruckende Pilzfelsen, uns erwarten. Die Felsen jenseits davon erinnern an Häuser und Türme; Bäume und Felsen sind grün bemoost und bilden faszinierende Symbiosen.

Der Pfad führt uns jenseits der »Stadt« wieder abwärts und nach einiger Zeit in ein steiles Tal, das **Gunzenloch**. Zusehends einsamer und wilder erscheint der Wald hier; wir steigen aus dem Tal wieder steil bergan, dann links mit der grünen Markierung bergauf zur **Vogelherdgrotte**, die wir durch die eine Öffnung betreten, durch die andere verlassen. Und nun verabschieden wir uns von dem märchenhaften Wald mit seiner Stille und seinen faszinierenden und bizarren Karsten und gelangen auf eine kleine Asphaltstraße, die allerdings nicht befahren ist. Rechts können wir im Wald (es gibt eine Markierung) die **Opfersteine**, zwei große, tischartige Blöcke mit tiefen Mulden, sehen. Achilles interessiert sich nicht für die Frage, ob der volkstümliche Name berechtigt ist – ihn interessiert das Wasser, das sich in einer der Mulden angesammelt hat. Die Asphaltstraße führt uns nunmehr weiter nach **Krottensee**, dann über einen Fußweg in den Außenbezirk von **Neuhaus** und schließlich, mit Blick auf die markante Burg Veldenstein, zurück zur Pegnitzbrücke und Richtung Bahnhof oder Parkplatz.

Sigrun Arenz

Mein persönlicher Einkehrtipp:

Gasthof Grottenhof, Krottensee, 91284 Neuhaus an der Pegnitz
Tel. 0 91 56/4 34, www.grottenhof.de
Sommersaison Mi–So bis 22.00, warme Küche ab 12.00
Wintersaison (Nov–Mitte März) Sa, So, Fei u. nach Absprache

Im Grottenhof kann man den selbst gemachten und mindestens zehn Wochen lang in der Maximiliansgrotte gereiften »Grottenkäse« probieren, den es in verschiedenen Geschmacksrichtungen, zum Beispiel mit frischen Kräutern oder Bärlauch, gibt. An jedem vierten Sonntag im Monat gibt es in der warmen Jahreszeit zudem ein »Backofenfest«, bei dem Gäste nicht etwa nur mit frischen Brezen, sondern auch mit Spanferkel aus dem Holzofen versorgt werden.

Tipp: Hundebad und Freizeitsport

Wenn der Sommer Einzug in die Hersbrucker Schweiz hält, gibt es nichts Schöneres, als im kühlen Nass der Happurger Seen Abkühlung zu suchen. Bademöglichkeiten bieten sich dabei zwei: der Baggersee (nur für menschliche Badegäste) direkt an der Abfahrt Happurg von der Bundesstraße nach Sulzbach–Amberg und der direkt am Ortsausgang gelegene Happurger Stausee.

Wer den Badespaß mit seinem vierbeinigen Begleiter teilen möchte, wählt deshalb auf jeden Fall den Stausee. Der fast fünf Quadratkilometer große **Happurger Stausee** wurde ursprünglich angelegt, um einen Teil des örtlichen Strombedarfs mit Energie aus nachhaltigen Quellen zu decken. Der See als Teil des frühen Wasserkraftwerks (1958), zu dem als Ergänzung das Oberbecken auf dem Deckersberg (s. S. 81ff.) gehört, war wegen starker Strömungen für Menschen viele Jahre lang nicht zum Schwimmen freigegeben. Nach der Jahrtausendwende kam es aber immer wieder zu Wassereinbrüchen am Oberbecken des Pumpspeicherkraftwerks, sodass das Kraftwerk schließlich außer Betrieb gesetzt wurde.

Hunde durften hier schon immer planschen und baden. Einen festen Strand gibt es zwar nicht, aber zahlreiche Einstiegsmöglichkeiten rund um den See. Mittlerweile haben auch viele Freizeitsportler den See für ihre Belange entdeckt: Segler, Taucher, Schwimmer, Angler, Tretbootfahrer und nicht zuletzt Stand-up-Paddler kommen hier gleichermaßen auf ihre Kosten. (Wichtig: Mensch und Tier sollen die Begrenzung der Staustufe des Kraftwerkes nach wie vor nicht überschreiten!) Üppige Trauerweiden säumen das Ufer, wo schillernde Libellen, freche Enten sowie Grau-, Wild- und Kanada-Gänse ebenfalls keine Seltenheit sind.

Ein Spaziergang rund um den See dauert eine gute Stunde und bietet als »Geschichtsweg« mit zahlreichen Schautafeln auch einen Abriss über die Historie der Region von der Keltenzeit über das Mittelalter bis hin zur finsteren NS-Zeit. Im Ausflugslokal *Seeterrassen* (s. S. 89) am Westufer können Tretboote gemietet und über einen Holzsteg zu Wasser gelassen werden. Gleich nebenan hat der *Segelclub Hersbruck* sein Vereinsheim. Surfer und Segler finden dort gute Einstiegsmöglichkeiten, müssen allerdings auf häufig drehende Winde und plötzliche Flauten gefasst sein. Die Route rund um den See ist darüber hinaus eine ausgewiesene Nordic-Walking-Strecke, die auch von Radlern und Mountainbikern gern frequentiert wird. Außerdem ist der Happurger Stausee Ausgangspunkt und Zwischenstopp für unzählige Wanderwege in die nähere und weitere Umgebung der Hersbrucker Alb. Es gilt also, die Interessen vieler Nutzer unter einen Hut zu bringen. Deshalb sollten ein respektvoller Umgang miteinander und der Einsatz von gesundem Menschenverstand, wenn es um die Belange der anderen geht, eine Selbstverständlichkeit sein. Wer einen wilden und verspielten Hund hat, muss sich vielleicht nicht gerade ein Plätzchen neben dem Kleinkinderspielplatz suchen, und auf dem Weg zu einer der zahlreichen Badestellen kann man seinen Vierbeiner, auch ohne Leinenpflicht, einfach mal bei Fuß halten, um die Unfallgefahr mit Fahrradfahrern zu minimieren. Wer nach Spaziergang, (Sonnen-)Bad oder einer ausgiebigen Wanderung Erholung sucht, kann im ufernahen Außenbereich der schon erwähnten *Seeterrassen* abschalten und die Seele baumeln lassen. Hausgemachte

Torten und Kuchen sowie klassische fränkische Küche bringen hungrige Ausflügler wieder auf die Beine. Wasser für Hunde gibt es selbstverständlich auch. Der angrenzende Spielplatz sorgt dafür, dass beim Nachwuchs ebenfalls keine Langeweile aufkommt. In größeren Abständen finden Sonderveranstaltungen statt, wie Grillabende, Hüttengaudi, der Besuch des schwimmenden Nikolaus am 6. Dezember sowie der »Outdoor-Tag«, eine Art Natursportfest, im Mai.

Stand-up-Paddeln mit Hund

Die Trendsportart Stand-up-Paddling ist seit einigen Jahren in aller Munde. Weit weniger bekannt ist, dass der Outdoorspaß auch für Vierbeiner gut geeignet ist. Stand-up-Paddling, kurz SUP, ist ein ganzheitliches Körpertraining, bei dem man gleichzeitig Muskulatur, Balance und Stabilität fördern kann. Wer neugierig ist, wie auch Hunde sicher und verletzungsfrei aufs Brett kommen, kann dies am Happurger Stausee lernen. Das Angebot richtet sich sowohl an erfahrene Stand-up-

Paddler mit Hund als auch an völlig SUP-unerfahrene Hundehalter. Vorkenntnisse sind nicht notwendig, und auch die Ausrüstung – wie Bord, Paddel oder Hundeschwimmweste (Achtung: auch Hunde können ertrinken!) – wird gestellt. Die Kurse sind zertifiziert, und das Training wird von erfahrenen Tierphysiotherapeuten und Hundetrainern angeleitet. Auch Gruppenkurse und Welpen-/Junghundetraining sind möglich. Unverzichtbar sind in jedem Fall Badesachen, Badeschuhe, Handtücher für Hund und Besitzer sowie eine kleine Belohnung für den Vierbeiner wie Goodies oder Ball. Termine nach Vereinbarung.

Anna Schwarm

Kurse – Stand-up-Paddeln (SUP) mit Hund:

SUP Hund / Hundephysio Nürnberg
Hersbrucker Str. 118, 90480 Nürnberg
Tel. 09 11/ 32 05 68 60, www.sup-hund.de
Treffpunkt: rechter kleiner Parkplatz neben Restaurant Seeterrasse
Tagesintensivkurse (Einsteiger) und Aufbaukurse
Equipment kann gestellt werden

Aus dem Hunde(halter)leben

Leben am Limit

Der Gemeine Holzbock ist schon längst nicht mehr gemein. Verstehen Sie mich bitte keinesfalls falsch, natürlich ist die sogenannte Schildzecke ein wirklich garstiger Zeitgenosse. Was ich eigentlich sagen will: Er ist nicht mehr *nur* gemein, sondern auch alles andere als harmlos. In den drei Jahrzehnten, die seit meiner Kindheit ins Land gezogen sind, hat der Gemeine Holzbock eine ganz erstaunliche Karriere vom lästigen Ungeziefer hin zu einem wahrhaft gefürchteten Ungetüm durchlaufen.

Musste man in den frühen Achtzigerjahren noch Geduld walten lassen, bis Nagellack oder Kleister dem elendigen Biest den Garaus machten, ehe man zur Entfernung schreiten durfte, heißt es heute, nix wie weg damit. Aber pronto! Sonst drohen am Ende fiese Krankheiten wie Borreliose oder Hirnhautentzündung. Schwer vorstellbar, dass mir unser Hausarzt anno 1987 ernsthaft verordnete, mir zwei Tage lang einen mit Öl getränkten Lappen aufs Auge zu halten, weil sich so ein verdammtes Mistding genau zwischen meine Wimpern gesetzt hatte. Diesen Zeck hatte ich übrigens mit großer Wahrscheinlichkeit Max zu verdanken, einem großen, gutmütigen Berner Sennenhund, der mir zu dieser Zeit treu ergeben überallhin folgte. Ob ich deshalb auf dem linken Auge nicht nur kurzsichtig bin, sondern quasi blind, kann ich nicht mit Sicherheit sagen. Aber fest steht: Damals wie heute sind diese miesen, parasitären Blutsauger das wohl größte Manko im Dasein eines Hundebesitzers.

Kaum haben sich Schnee und Eis verflüchtigt, sind sie wieder da! Kletten sich an jeden vierbeinigen Gefährten und lassen sich dann bequem ins Wohnzimmer des jeweiligen Besitzers chauffieren. Da ist es dann noch das kleinste Übel, wenn der Hund den Schwarzfahrer einfach abschüttelt, ehe man ihn, hoffentlich nicht barfuß, unbewusst mit einem lauten Plopp zu einer Blutlache zertritt, die sich nachfolgend über den Boden verteilt.

Aber es kommt noch schlimmer: Die parasitären Milben haben doch tatsächlich ein menschliches Gegenüber. Und das sind Zeitgenossen, die aus leidgeprüften Hundebesitzern Profit schlagen wollen. Es gibt quasi nichts, was es nicht gibt, das angeblich – einmal käuflich erworben – gegen Zecken hilft: Magnetresonanz- und Bernsteinketten, magische und klingende Hundehalsbänder, Tinkturen zur inneren wie äußeren Anwendung, selbstverständlich Schwarzkümmelöl und schließlich Tabletten. Mein Vater ging sogar so weit, sich zu seinem Border Collie eine kleine Ziegenherde zuzulegen, da Zecken das Umfeld selbiger Paarhufer angeblich meiden wie sonst nur der Teufel das Weihwasser. Über die Wirksamkeit all dieser Maßnahmen führen Nutzer im Netz Glaubenskriege. Im besten Fall allerdings bewirken sie schlichtweg nichts. Wenn es besonders doof läuft, kotzt Ihnen Ihr Vierbeiner das Abwehrmittel direkt wieder vor die Füße, pupst klimawandelverdächtig oder verliert mehr Haar als ein Merinoschaf beim Scheren.

Jetzt verrate ich Ihnen deshalb noch ein Geheimnis, völlig kostenfrei, versteht sich. Wer sich einen Hund hält und ihn auch behalten will, dem bleibt in puncto Holzbock nur eins: Leben am Limit! Also einfach immer achtsam bleiben, lieber Leidensgenosse.

Anna Schwarm

Tipp: Ausflüge jenseits der mittelfränkischen Grenzen

Dass man nicht immer in die Ferne schweifen muss, haben die Ausflugstipps in diesem Buch hoffentlich gezeigt. Mittelfranken hat – mit oder ohne Hund – unglaublich viel zu bieten: an Landschaft, an Kultur, an Architektur und Geschichte. Aber weil wir auf der Suche nach großartigen Ausflugstipps mit Hund noch auf so viele andere Möglichkeiten gestoßen sind, die uns interessiert und begeistert haben, soll hier ein ganz kleiner Blick über den Tellerrand, das heißt über die mittelfränkischen Grenzen hinaus, erlaubt sein.

Hund, Wolf und Bär

In Zoos sind Hunde aus gutem Grund nicht erlaubt. Die dort lebenden Wildtiere aus aller Welt würden durch die Anwesenheit unserer »Raubtiere« gestört. Anders ist die Lage in vielen Wildparks, in denen die heimischen Tiere mehr Raum haben und sich von dem ein oder anderen Hund nicht weiter beeindrucken lassen. Natürlich herrscht hier strenge Leinenpflicht, und in die begehbaren Gehege dürfen Hunde nicht hinein. Aber gerade für einen Familienausflug mit Hund sind Wildparks ein schönes Ziel, weil sie so vieles bieten: Spaziergang, Naturerlebnis, Spielmöglichkeiten für Kinder und nicht zuletzt ein recht entspanntes Umfeld, das für unsere Hunde keinen unnötigen Stress bedeutet.

Wildpark Hundshaupten:

Hundshaupten liegt so nahe an der Grenze zu Mittelfranken, dass wir ihn schon in eine unserer »regulären«

Touren aufnehmen wollten. Dort sind Dammwild, Wölfe, Waschbären und Wildkäuze zu Hause, und die Elche haben sich so prächtig eingelebt, dass es jedes Jahr Nachwuchs gibt, der nicht nur bei Kindern Entzücken auslöst. Im Wildpark bietet eine Greifvogelschau den Besuchern (allerdings nicht den vierbeinigen!) die Möglichkeit, Eulen und Adler ganz aus der Nähe bei ihrer Flugshow zu sehen. Speziell für Kinder gibt es nicht nur einen Spielplatz, sondern auch interessante wechselnde Angebote wie einen Laternenumzug oder eine abendliche Fackelwanderung. Mit dem Ziel der Umweltbildung hat der Wildpark auch das Konzept des »grünen Klassenzimmers« aufgenommen, bei dem Schulklassen, Kindergärten oder sonstige Kindergruppen auf Tuchfühlung mit Fauna und Flora gehen können und dabei auch lernen, wie wichtig und gleichzeitig gefährdet unsere Umwelt ist.

Wildpark Hundshaupten
Hundshaupten 62, 91349 Egloffstein
Tel. 0 91 91/86 12 80, www.wildpark-hundshaupten.de
Tägl. 9.00–18.00, Erwachsene 5 €, Kinder u. Jugendliche 2,50 €

Wildpark Mehlmeisel:

Zwischen Bayreuth und Marktredwitz liegt der *Wildpark Waldhaus Mehlmeisel*. Eines seiner Highlights ist der Hochpfad über dem Luchs- und Wildschweingehege, von dessen Aussichtsplattformen man einen ganz anderen Blick auf die Tiere hat. Schneehasen, Waschbären und Wildkatzen sind nur einige Bewohner des Wildparks, der ebenfalls mit Sonderveranstaltungen für Groß und Klein wirbt: beispielsweise einer Auszeit im Wald für Erwachsene oder dem Honigschleuderfest, das den Vorgang der Honigerzeugung in seinen einzelnen Schritten zeigt und mit dem »gläsernen Bienenstock« beeindruckt.

Wildpark Waldhaus Mehlmeisel
Waldhausstr. 100, 95694 Mehlmeisel
Tel. 0 92 72/90 98 12, www.waldhaus-mehlmeisel.de
Tägl. 10.00–18.00, Erwachsene 5 €, Kinder u. Jugendliche 3 €

Hundehotels

In einer Zeit, in der viele Menschen in ihrem Hund nicht nur den »besten Freund«, sondern ein vollwertiges Familienmitglied sehen und bereit sind, entsprechend viel Zeit und Geld in ihre Vierbeiner zu investieren, erstaunt es nicht, dass immer mehr spezielle Angebote für Hundehalter entstehen. Hundehotels gibt es oft in herrlichen Lagen mit ausgedehnten Spazier- und Wandermöglichkeiten und mit vielen Extras für Tier und Mensch.

Hundehotel Mair am Ort:

»Ein Hotel für Mensch und Hund«, so wirbt die Famile Prünster in Südtirol für ihr Hotel. Und tatsächlich wird dort sehr viel geboten, das weit über »Haustiere auf Anfrage erlaubt« hinausgeht – freilich auch zu einem entsprechenden Preis. Für Hunde gibt es im Zimmer Hundedecken, Handtuch und Wassernapf, morgendliche Gassirunden, einen wöchentlichen Ausflug zum Hunde-Swimmingpool in Terlan oder zum Hundeerlebnisspielplatz mit ausgebildeten Hundetrainern. Damit Frauchen oder Herrchen sich ebenfalls entspannen können, wird auch Dogsitting angeboten.